INHALT

> SZENE

S. 12–15: Trends, Entdeckungen, Hotspots! Was wann wo auf Menorca los ist, verrät der MARCO POLO Szeneautor vor Ort

> 24 STUNDEN

S. 94/95: Action pur und einmalige Erlebnisse in 24 Stunden! MARCO POLO hat für Sie einen außergewöhnlichen Tag auf Menorca zusammengestellt

> LOW BUDGET

Viel erleben für wenig Geld! Wo Sie zu kleinen Preisen etwas Besonderes genießen und tolle Schnäppchen machen können:

Kostenlose Führung durch Maó S. 37 | Preiswert übernachten mit Hafenflair S. 57 | Käsekauf direkt beim Ezeuger S. 70 | Fahrräder günstig mieten S. 80

> GUT ZU WISSEN

Was war wann? S. 10 | Weltberühmter Dip S. 18 | Spezialitäten S. 26 | Bücher & Filme S. 42 | Unter Geiern S. 58 | Grüne Karte S. 64 | Blogs & Podcasts S. 69 | www.marcopolo.de S. 104 | Was kostet wie viel? S. 107

AUF DEM TITEL

Cala Santandria: Riffe und tiefe Höhlen S. 98
Wein aus Es Mercadal und Maó S. 15

ENTDECKEN SIE MENORCA!

Unsere Top 15 führen Sie an die traumhaftesten Orte und zu den spannendsten Sehenswürdigkeiten

Die Highlights sind in der Karte auf dem hinteren Umschlag eingetragen

 Festes de Sant Joan
Wenn im Juni mit Reiterspielen das Fest des hl. Johannes gefeiert wird, geht's in Ciutadella rund (Seite 23)

 Santa Maria
In dieser Kirche in Maó kann man den Klängen einer der größten und schönsten Orgeln Europas lauschen (Seite 38)

 Hafenrundfahrt in Maó
Durch den fjordartigen Naturhafen gleiten, den Erzählungen über Piraten und Eroberern lauschen, Yachten und Villen bestaunen (Seite 42)

 Binibèquer Vell
Wie mit Puderzucker überzogen wirkt die blendend weiße Feriensiedlung an der Südostküste (Seite 48)

 Monte Toro
Vom „Dach der Insel" hat man einen tollen Blick über Hügelland, Schluchten und die abwechslungsreiche Küstenlandschaft (Seite 57)

 Basílica de Son Bou
Aus dem 5. Jh. stammten die Reste dieser malerisch am Strand von Son Bou gelegenen Basilika (Seite 64)

 Torralba d'en Salort
Der archäologische Park bei Alaior birgt, neben anderen Siedlungsresten, die schönste Taula Menorcas (Seite 64)

 Cala Galdana
Von Kiefernwäldern umgeben, ist die muschelförmige Sandbucht südlich von Ferreries eine wahre Schönheit (Seite 66)

> DIE BESTEN MARCO POLO HIGHLIGHTS

 Ciutadella
Die altehrwürdige Bischofsstadt gilt als eine der schönsten Städte ganz Spaniens und bietet eine beschauliche Altstadt und eine angenehm entspannte Atmosphäre (Seite 75)

Bastió de Sa Font
Die alte Festung von Ciutadella hat aufgerüstet: Moderne Multimedia-Anlagen, neue Interieurs und neue Exponate lassen die Geschichte Menorcas und der Menorquiner lebendig werden (Seite 76)

Cala Macarella
Vor allem in der Vor- oder Nachsaison bietet diese Bucht an der westlichen Südküste einen der Traumstrände Menorcas (Seite 85)

 Nau des Tudons
Die aus Steinblöcken gefügte Begräbnisstätte bei Ciutadella gilt als eines der ältesten Bauwerke Europas (Seite 86)

Tauchen
Klare Sicht, Unterwasserhöhlen und Schiffswracks machen das Tauchen vor Menorca zum Abenteuer (Seite 98)

Fort Marlborough
In der alten Festung der Engländer bei Es Castell wird mit Videoclips und Kanonendonner von den Wechselfällen des 18. Jhs. erzählt (Seite 102)

Pedrera de s'Hostal
Aus dem ehemaligen Steinbruch bei Ciutadella wurde ein verwunschener Steingarten mit Labyrinth (Seite 103)

WAS FÜR EINE INSEL!

Cala Galdana

> Weite Wald- und Weideflächen, Hügelland und fast unberührte Badebuchten findet man auf Menorca, der kleineren der beiden Gymnaesiae, wie die Insel und ihre „große Schwester" Mallorca im Altertum genannt wurden. Die türkisblauen Wellen an der Cala Macarella, die sanft in der Meeresbrise sich wiegenden Pinienhaine der Cala en Turqueta, die jahrtausendealten Höhlenmäuler in den Cales Coves – all das bringt Erholung suchende Urlauber ins Schwärmen. Dank seiner Naturschönheiten, seiner idyllischen Badebuchten, hübschen Städtchen und nicht zuletzt seiner freundlichen Bewohner ist Menorca bei Kennern schon lange in.

> Menorca ist die Lieblich-Stille unter den eher vorlauten Schwesterinseln, denn Menorca wird von bodenständigen Menschen bewohnt, die der Vernunft dem schnell verdienten Geld meist den Vorzug geben. Die Insel hat damit Gäste gewonnen, die idyllische Buchten, traumhafte Strände, romantische Altstädte und geheimnisvolle Relikte aus grauer Vorzeit zu schätzen wissen.

Vor allem für Liebhaber der Natur hat Menorca viel zu bieten. Rund 40 Prozent der Insel sind bewaldet, im Inselnorden findet man Pinien und Aleppokiefern in großen Waldflächen. Beeindruckend ist der Artenreichtum; so kommen in den trockenen Sturzwassergräben, den *barrancs*, bis zu 200 verschiedene Pflanzenarten vor, von denen 25 endemisch, also nur auf Menorca zu finden sind. Auch einige Tierarten sind eng mit dem menorquinischen Lebensraum verbunden. Die *cavalls* z. B. gehören einer nur auf der Insel heimischen Pferderasse an, und für

zehn Tier- und vier Pflanzenarten wurde die Insel sogar zum genetischen Reservoir erklärt. Die rotbraunen Milchkühe gehören dazu, aber auch Milan, Adler und Falke, Wasserschildkröten und eine kleinwüchsige Geierart.

> **Der Norden gehört den Fabelwesen und dem Wind**

Menorca ist – wie Paul Fallot, einer der führenden Inselgeografen, einmal humorvoll bemerkte – der Form einer gewaltigen Saubohne nicht unähnlich. Auch an einen Nierentisch fühlte sich der Forscher erinnert. In der Tat hat die Insel zwei grundverschiedene Seiten. Die Tramuntana im Norden kennzeichnen tief ins Landesinnere gefräste Fjorde *(calas)*, bizarre Felsformationen und eine unregelmäßige Küstenlinie mit einer Reihe natürlicher Häfen. Hier herrscht dunkles Gestein vor, das, durch Wind und

Über den Häusern von Ciutadella leuchtet die Kathedrale im Abendlicht

Meer geformt, weiten Teilen der Küstenlinie einen rauen Charakter verleiht. Hier leben von jeher weniger Menschen als im Zentrum und an der Südküste. Der Norden gehörte Fabelwesen und Göttern. Zahlreiche Inselsagen spielen an Schauplätzen entlang der windgepeitschten Nordküste. Andererseits stößt man in den nordwestlichen Teilen der Insel auch auf große Weideflächen. Goldgelbe Kornfelder und Blumen verwandeln die Landschaft im Frühjahr und Herbst in ein Farbspektakel. Die Vegetation reicht oft bis hinunter zur Küste, klammert sich immer enger an den felsigen Boden. Nur die äußersten Landzipfel, die Kaps, sind völlig kahl.

Ganz anders der Migjorn im Süden mit einer geschlosseneren Küste, mit kleinen Buchten, bewaldeten Tälern und Schluchten. Der Südteil Menorcas ist eine gewaltige Kalktafel von 50–60 m Höhe, die, leicht gen Süden

abfallend, nur durch den Verlauf der Abflussschneisen aufgebrochen wird. Hier lacht Menorcas sonniges Gesicht, ist die Architektur leichter, mediterraner, wachsen Pinien und Kiefern gerade in den Himmel, weitgehend verschont von den starken Winden aus dem Golfe du Lion, die an über hundert Tagen im Jahr mit Spitzengeschwindigkeiten von über 100 km/h über den Inselnorden hinwegfegen. Im Süden liegt die Mehrzahl der Strände; demzufolge zieht es hierher auch die meisten Touristen.

> **Mediterraner Charme, bewegte Geschichte**

Mit einer Gesamtfläche von 700 km² ist Menorca eineinhalbmal so groß wie Ibiza, besitzt aber nur ein Fünftel der Fläche Mallorcas. Vom Cap Sa Mola bis zum Cap de Bajolí erstreckt sich die Insel über eine Länge von 47 km, bei einer Breite von 10–19 km. Vor der 220 km langen Küstenlinie liegen verstreut 30 unbewohnte, zum Teil winzige Inseln. Von der großen Schwester Mallorca trennen Menorca kaum 75 km an der schmalsten Stelle zwischen Cap d'Artrutx und Cap Freu. Barcelona ist 241 km entfernt, Afrika nur 380 km. Das erklärt die milden Durchschnittstemperaturen von mehr als 25 Grad im Sommer und 14 Grad im Winter, bei über 2450 Sonnenstunden im Jahr.

Gegensätzlich wie Nord- und Südküste sind auch die beiden Enden der Insel. Hier das korrekte, pflichteifrige Maó im Osten und dort das aufmüpfi-

WAS WAR WANN?

gere und doch zugleich nachgiebigere Ciutadella im Westen. Unterschiede zeigen sich nicht nur in der Architektur, sondern auch in der Lebensauffassung. Der Wettstreit der beiden Metropolen schwelt bereits seit Jahrhunderten. Auch heute noch fährt der echte Ciutadeller nur ungern nach Maó, und das nur, um Geschäfte oder unvermeidliche Behördengänge zu erledigen. Der Maoneser hält einen gewissen Dünkel dagegen: Notizen aus der westlichen Provinz werden in der Hauptstadt gern mit einem vielsagenden Heben der Augenbraue kommentiert.

Menorcas Wurzeln reichen tief in die Geschichte. Schon vor 6500 Jahren sollen Menschen die Insel bewohnt haben. Bis zu 4000 Jahre alt sind die ältesten Spuren, unvergängliche Steinbauten, ohne Mörtel zusammengefügt. Vor allem prähistorische Höhlen *(coves)* und Siedlungen *(poblats prehistòrics)* mit ihren steinernen Tischen, den *taules*, und Türmen, den *talaiots*, sowie die sagenumwobenen *naus (navetas)*, die vermutlich ältesten erhaltenen Bauwerke Europas, warten teilweise noch auf ihre Entschlüsselung. Später nutzten Phönizier, Griechen, Karthager und Römer die strategische Lage der Insel, die Byzantiner machten sie sich untertan, schließlich die Araber.

> **Gastfreundlich, gutmütig, weltoffen**

Erst 1287, so ziemlich als Schlusslicht der christlichen Rückeroberung Spaniens, wurde Menorca den „Ungläubigen" wieder entrissen – für die Insulaner damals nicht unbedingt eine Wende zum Besseren. Hungersnöte und Epidemien waren die Folge, und erst die Besetzung Menorcas durch die Engländer brachte den Handel, das Handwerk und die Kultur wieder in Schwung. Für das Jahr 1784 bezeugen die Inselchroniken 21

indirekt im Fremdenverkehr beschäftigt. Auf Menorcas Flughafen landen jährlich mehr als 1,3 Mio. Fluggäste. Dennoch setzt man statt auf Massentourismus lieber auf umweltbewusste Individualurlauber. Menorca scheint bewusst die Sünden der großen und der kleinen Schwestern im Südwesten vermeiden zu wollen,

Markante Felsen an der stillen Cala Pregonda

Goldschmiede und 150 Schuhmacher, Ende des 19. Jhs. lebten fast 40 Prozent aller Menorquiner von der Schuhproduktion. Heute gehören Schuhe, Modeschmuck und Käse zu den Exportgütern. Fischfang und Landwirtschaft verlieren dagegen immer mehr an Bedeutung, das Dienstleistungsgewerbe tritt immer weiter in den Vordergrund. Heute sind rund 60 Prozent aller Insulaner direkt oder

scheint die Auszeichnung als *Reserva de la Biosfera* nicht als geschickten Marketingschachzug zu verstehen und tatsächlich den Beweis dafür antreten zu wollen, dass ein vernünftiges Maß an Tourismus durchaus mit intakten sozialen und kulturellen Strukturen und einer weitgehend unzerstörten Natur in Einklang stehen kann. Ganz nach dem Motto: Urlaub muss nicht Sünde sein!

▶▶ WAS IST ANGESAGT?

Trends, Entdeckungen und Hotspots!
Unser Szene-Scout zeigt Ihnen, was auf Menorca los ist

Thomas Schneider

Der Ökonom und Musikfan aus München besucht regelmäßig die Baleareninsel, um sich über die neuesten Trends im Musikgeschehen zu informieren. Klar, dass er dabei auch die restliche Szene der Insel im Blick hat. So entdeckte er z. B. den Essenstrend *cocina de autor* und ließ sich in den menorquinischen Clubs die aktuellsten Nightlife-Tipps geben.

▶▶ BOUTIQUEHOTELS

Anregende Oasen der Erholung

Boutiquehotels bieten Feingeistern stil- und geschmackvolle Unterbringung auf der Insel. Das *Biniarroca Country House Hotel* schmücken Kunstwerke und Amphoren, die Besitzerin bietet alleinreisenden Frauen besondere Sicherheit *(Cami Vell, 57, Sant Lluis, http://biniarroca.com, Foto)*. Der baumbestandene und rustikale Garten des *Hotel Rural Sant Ignasi* passt perfekt zu den mediterran eingerichteten Räumen *(Carretera Cala Morell, Ciutadella, www.santignasi.com)*. Geschmackvoll ausgestattet und mit modernem Spabereich ist das versteckt liegende *Hotel s'Algar* eine Oase der Erholung an den Klippen Menorcas *(Urbanización S'Algar, S'Algar, www.salgarhotels.com)*.

SZENE

▶▶ NATÜRLICH STYLISH

Ökomode von der Insel

Herkömmliche Mode ist out, der verantwortungsbewusste Menorquiner kleidet sich in Eco-Fashion! Von Longsleeve bis Tank Top, von Cap bis Shorts designen die kreativen Köpfe der inseleigenen Linie *Ecologic Line Trendwear* alles aus natürlich verarbeiteter Baumwolle und naturbelassenen Farben. Der Clou: Alle Motive sind typisch menorquinisch – super Souvenir mit Stylo-Effekt (*Shops in Maó: Rustica, Puerto de Mao, s/n; Es Rincó, Moll de Llevant, s/n; Shop in Ciutadella: Blau Mari, C/. Major des Born, 5; www.ecologicademenorca.com, Foto*). Im *Avarca Shop Menorca* gibt's die trendigen Menorquiner Schuhe aus umweltfreundlichen Materialien in tollen Farben und Ausführungen (*Carrer Ses Moreres, 47, Maó, www.avarcashop.com*).

▶▶ INSELRUNDE

I want to ride my bicycle

Mit ein bisschen Kraft in den Beinen und einem geländegängigen Fahrrad entdeckt der Besucher die schönsten Plätze des Unesco-Biosphärenreservats Menorca am besten mit dem Zweirad. Detaillierte Routenvorschläge finden Biker unter *www.menorca.es/Cati/documents*. Das passende Mountainbike leihen Sie bei *Anthony's Bikes*, und schon kann das Abenteuer beginnen (*C/. Xaloc, Local 6, Alaior, www.anthonys bikes.com*). *Cycling unlimited* bietet organisierte Radtouren durch Menorca; Sie brauchen sich um nichts zu kümmern: Fahrrad, Kartenmaterial und Übernachtungen stehen für Sie bereit (*www. cycling-unlimited.com*).

▶▶ GOURMETKÜCHE

Leicht und lecker

Cocina de Autor oder „Autorenküche" nennt sich die neue, leichte Art zu essen. Restaurants erkennen den Trend und bieten Kreationen, die mehr auf Geschmack als auf Menge zielen. Ein Vorreiter der kreativen Küche ist der Küchenchef des Restaurants *Es Jardí* in Ciutadella. Aus ausgewählten Bioprodukten und frischen Zutaten vom Markt und aus dem Meer zaubert er Kreationen auf die Teller, die urheberrechtlich geschützt sein sollten *(C/. Sant Isidre, 33, www.restaurantesjardi.com)*. Daniel González Mora, Chef des *Sa Pedrera d'es Pujol*, modernisiert die traditionelle menorquinische Küche. Sein Lamm aus dem Ofen ist berühmt und kommt perfekt zubereitet auf

den Tisch *(Torret, 23, Sant Lluís, www.sapedreradespujol.com,* Foto*)*. Leckeres aus organischen Zutaten bietet das *Cas Ferrer* in einem alterhrwürdigen Haus in der Altstadt Ciutadellas *(Carrer de Sa Font, 16, www.casferrer.com)*.

▶▶ SURFER'S PARADISE

Dorado für Windsurfer

Was an den Stränden der großen Schwester Mallorca schon Trend ist, schwappt nun auch nach Menorca: Extremsurfen. Vor allem an der Nordküste in Fornells ist das Klima rau, der Wind optimal. Wer noch kein Crack ist, sollte vorher Kurs auf die Surfschulen nehmen. Hier gibt's Schnellkurse und einen Boardverleih: *Club Nàutic Fornells (Ses Salines, www.nauticfornells.com)* oder Surfschule *Minorca Sailing (Ses Salines, www.minorcasailing.co.uk)*. Je nach Wetterlage strömen die Surffreaks auch in den Süden, besonders nach Cala d'Algaiarens und Son Bou. Könner surfen selbst, Anfänger beobachten vom Strand aus und schauen sich die besten Tricks ab.

▶▶ JOY OF JAZZ

Revival der entspannten Rhythmen

Menorca könnte die Heimat des Jazz sein – vor allem, wenn man sich die aktive Szene auf der Insel näher ansieht. Das Highlight für Fans von *Louis Armstrong* bis *Benny Goodman*: das *Internationale Jazz Festival Menorca (Infos unter* www.jazzobert.com*)*, das jedes Jahr im Frühling mit Konzerten und Ausstellungen auf der ganzen Insel verstreut stattfindet. Der ein oder andere Star der internationalen Szene lässt sich hier blicken, außerdem im Programm: *Jazz didàctic* – ein Kurzworkshop für Anfänger! Den Rest des Jahres sind Trumpets und Bass im Jazz Club *Sa Clau* zu Hause *(Marina, 93, Ciutadella,* www.saclau.com*)*.

▶▶ SCHMUCKE SACHE

Kunsthandwerk

In Menorca finden Sie die neuesten Kreationen kreativer Schmuckhersteller. In Ciutadella begeistern *Laura Pons Mascaró (C/. Tres Alqueries, 19)* und *Maria Juanico Marqués (C/. Seminari, 38)* Schmuckliebhaber. Inselbekannt ist auch das Label *Santi Capó (C/. Rector Mort, 22, Maó,* www.santicapo.com*, Foto)*. Die modernen Ringe und Anhänger finden Sie unter anderem bei *Art Spai (C/. Major, 57, Fornells,* www.artspai.es*)*. Sie wollen selbst Schmuck designen? In der Kunstschule der Insel werden Kunst- und Goldschmiedekurse angeboten *(Av. JM Quadrado, 33, Maó,* www.escoladartmenorca.com*)*.

▶▶ IN VINO VERITAS

Die Kreationen der jungen Wilden

Eine neue Generation von Winzern hat sich das Ziel gesetzt, menorquinischen Wein zu einem Spitzenprodukt zu machen. Und es ist ihnen gelungen! Das Familiengut *Sa Cudia* überzeugt mit blumigen Tropfen aus der menorquinischen Malvasia-Traube *(Vinya sa Cudia, Finca Sa Cudia Nova, Ctra. Es Grau, km 8, Apartado 39, Maó,* www.vinyasacudia.com*, Foto)*. Bei *Crispín Mariano Vadell* können sich Weinfans direkt vor Ort von der Qualität der Jahrgänge überzeugen. Sein Weißwein „Vi d'en Bennasar" ist vom Spitznamen des Vaters abgeleitet, sein Rotwein „Ferrer de Muntpalau" nach einer historischen Figur Menorcas benannt *(Crta. de Tramuntana, km 1, Es Mercadal)*.

> TANQUES, TAULES, TALAIOTS

Ein Querschnitt durch Menorcas kleine und große Eigenheiten, durch Geschichte und Inselnatur

ARABER

Wie fast ganz Spanien war einst auch Menorca von den Arabern besetzt worden. Von 903 n.Chr. an gehörte die Insel zum Kalifat Córdoba und blieb knapp 400 Jahre unter islamischer Herrschaft, bis Alfons III. von Aragonien die Insel im Januar 1287 für das Christentum zurückeroberte. Die arabische Bevölkerung wurde daraufhin versklavt, ihre Habe ge-

plündert, ihre Bauwerke geschleift. Deshalb sind heute kaum noch architektonische Hinweise auf die jahrhundertelange Muselmanenzeit auf der Insel zu finden. Das arabische Erbe ist allerdings in Form von Ortsnamen lebendig geblieben; die Vorsilbe *bini* zum Beispiel bezeichnet einen Besitz „des Sohnes von …", die Worte *rafál* oder *cúdia* beziehen sich auf ein Haus, eine Hütte, einen Ort auf einem Hügel.

Bild: Taula in Torralba d'en Salort

STICH WORTE

BARRANCS

Barrancs – Spanisch *barrancos* – sind Sturzwassergräben, die der Regen in Jahrtausenden in den weichen Kalkstein geschnitten hat. Durch 20 bis 40 m hohe Felswände vorm Nordwind geschützt, sind auf Menorca manche derart von der Natur begünstigte Plätze zu frühen Siedlungskernen geworden. Hier befinden sich die fruchtbarsten Felder und einige der artenreichsten Biotope (bis zu 200 Pflanzenarten) der Insel. 36 *barrancs* zählt man auf der geologisch erheblich jüngeren Südseite Menorcas. Auch viele der schönen Buchten der Südküste sind Ausläufer solcher Sturzwassergräben. Unbedingt sehenswert sind der Barranc d'Algendar zwischen Ferreries und Cala Galdana, der Barranc de Trebalùger östlich davon und die *barrancs* von Son Bou, Es Bec und Son Boter.

BIOSPHÄREN-RESERVAT

„Mensch und Biosphäre", ein Komitee der Unesco, gab 1993 dem Antrag Menorcas auf den Titel *Reserva de la Biosfera* statt. Ein minuziöses Studium der Umwelt, der kulturellen, sozialen, ökologischen, landwirtschaftlichen und touristischen Gegebenheiten war dem Antrag vorausgegangen. Denn die Voraussetzung für das Unesco-Prädikat ist nicht nur eine intakte Natur, sondern auch der Beweis dafür, dass der Mensch in der Lage ist, in seinem Umfeld zu leben, ohne es zu gefährden oder gar zu zerstören. *Reserva de la Biosfera* ist keine Medaille, die sich die Menorquiner stolz an die Brust heften dürfen, sondern ein dynamischer Prozess, in dem die Insel Jahr für Jahr belegen muss, dass Ökonomie und Ökologie, und damit auch Tourismus und Umwelt, verträglich nebeneinander existieren können.

BRITEN

Gleich dreimal haben die Briten Menorca im Lauf der Geschichte erobert und besetzt. Das erste Mal geschah dies während des Spanischen Erbfolgekriegs. 1706 trat auf Menorca Joan Saura für den österreichischen Erzherzog Karl ein und konnte die meisten Inselgemeinden für seine Sache gewinnen. Der Inselgouverneur Diego Dávila verbarrikadierte sich in der Festung San Felipe und schlug 1707 mit französischer Unterstützung die Rebellion nieder. Als daraufhin im Herbst 1708 englisch-niederländische Truppen in der Cala d'Alcalfar landeten, ergab sich der Gouverneur fast kampflos. 48 Jahre britischer Herrschaft begannen. Nach der Eroberung durch die Franzosen 1756 erhielt Großbritannien die Insel 1763 im Frieden von Paris zurück. In den folgenden 19 Jahren unter britischer Hoheit wurde die Küstengarnison Georgetown (heute: Es Castell) gegründet. 1782 eroberten franzö-

WELTBERÜHMTER DIP
Von der „salsa de Mahón" zur Mayonnaise

Ganze Bände wurden schon über die Herkunft einer der heute am weitesten verbreiteten Soßen der Welt veröffentlicht. Nicht wenige Spuren führen in Menorcas Küchen. Tatsächlich könnte der französische Marschall Richelieu der Mayonnaise zu ihrer weltweiten Blüte verholfen haben. Von einer Maoneserin (spanisch: *mahonesa*), die dem Marschall das Herz stahl und ihm dafür einige Geheimnisse der menorquinischen Küche verriet, ist unter anderem die Rede. Zu den kulinarischen Landessitten, welche die Dame übermittelte, gehörte ein schlichtes, rustikales Rezept, mit dem sich der menorquinische Bauer nach seinem Tagwerk für den nächsten Einsatz stärkte: Olivenöl, verrührt mit Ei, einer Prise Salz und gestoßenem Knoblauch. Denkbar ist es, dass aus dem *all i oli* (Knoblauch mit Öl) der Balearen die noble französische Verwandte ohne Knoblauch und aus der Soße der *mahonesa* die Mayonnaise wurde.

sisch-spanische Truppen die Insel abermals. 16 Jahre später wurden die Spanier jedoch durch einen erneuten Einfall der Briten, die 1798 an der Nordküste landeten, verdrängt. Diese letzte Engländerzeit währte lediglich vier Jahre; dann brachte der Friede von Amiens die Insel 1802 endgültig unter die spanische Flagge. Insgesamt hinterließ die fast ein Jahrhundert währende englische Herrschaft deutliche Spuren auf Menorca.

FRANZOSEN

Ein Neffe des Kardinals Richelieu, Marschall Armand de Vignerot du Plessis, Herzog von Richelieu, bescherte Menorca ab 1756 ein siebenjähriges französisches Intermezzo, das trotz seiner nur kurzen Dauer Geschichte machte. So geht z. B. die Ortschaft Sant Lluís auf einen französischen Gründer zurück; der Soßen-Weltbestseller, die Mayonnaise, soll einer Inspiration des Marschalls selbst entsprungen sein, und Wanderfreunde verdanken den Franzosen den längsten und streckenweise schönsten Weg der Insel: den *Camí de Cavalls*. Dieser „Pferdeweg" wurde ursprünglich um die gesamte Küste herum angelegt, um Truppen schnell verschieben zu können. Heute dient er dort, wo die betreffenden Grundbesitzer den Durchgang gestatten, ausgedehnten Spaziergängen.

RICHARD KANE

Auf diesen Namen stößt man bei einem Menorca-Besuch häufig. 14 Jahre nach der ersten Besetzung der Insel durch die Briten wurde Richard

Kane 1722 Gouverneur. Da sich besonders die Bewohner von Ciutadella gegen die Eroberer empörten, machte Kane kurzerhand die Stadt im

Verdrängt heimische Flora: die Mittagsblume

Osten, Maó, zur Hauptstadt. Rechte und Besitzverhältnisse wurden weitgehend geachtet; die Änderungen, die der neue Gouverneur anregte, waren eher praktischer Natur. So ließ er z. B. den *Camí d'en Kane*, den Kane-Weg, zwischen Maó und Ciutadella befestigen, beschnitt die Macht der Inquisition und führte neue Nutzpflanzen, wie Äpfel, und neue Viehrassen ein. So soll er auch für den Ausbau von

Menorcas Milchwirtschaft verantwortlich sein. Während sich Klerus und Adel schmollend nach Ciutadella zurückzogen, wuchs der Respekt der Landbevölkerung vor dem Gouverneur. Ein Umstand, der seinen Nachfolgern Anstruther, Wynayard und Murray versagt blieb.

MENORQUÍ

Menorquí, das Menorquinische, zählt zu den ältesten heute noch gebräuchlichen Dialekten des *català*, des Katalanischen, einer der neun Sprachen romanischen Ursprungs, eingeführt auf den Balearen 1287 durch König Alfons III. von Aragonien. Im Übrigen haben alle Besatzungsmächte, Römer wie Araber, Franzosen und Engländer, ihre sprachlichen Spuren hinterlassen. Namentlich englische Vokabeln fallen im Sprachgebrauch auf. So schließt man etwa das *vindou* (Fenster), isst zu Mittag *bifi* (Rindfleisch), das auf dem *tibord* (Tablett, engl. *tea board*) serviert wird, oder hat schnell mal ein Gläschen getrunken, *ha fet un trinqui* (engl. *drink*). *Català* ist seit 1983 neben dem kastilischen Spanisch gleichberechtigte Amtssprache auf den Balearen und erfreut sich unter der jüngeren Bevölkerung nach den Jahren der Unterdrückung aller Regionalsprachen durch die Franco-Diktatur großer Beliebtheit. Ortsnamen, etwa auf Straßenschildern, sieht man heute fast nur noch in der katalanischen Variante. Neben *menorquí* spricht man auch *castellano*, das Hochspanische, und häufig Englisch. Auf Deutsch sprechende Insulaner stößt man sehr viel seltener als auf Mallorca.

NATURSCHUTZ

1991 trat auf den Balearen ein umfassendes Naturschutzgesetz in Kraft, das 1992 auf seinen endgültigen Stand gebracht wurde. Seither stehen 42,67 Prozent der Fläche Menorcas unter Schutz (der europäische Durchschnitt liegt bei ca. 7 Prozent). Die ausgedehntesten Schutzgebiete umfassen die Küstenlinie (Ausnahmen: Raum Ciutadella und die Gegend südlich von Maó), weite Teile der Tramuntana, der Nordhälfte der Insel, aber auch große Gebiete im Raum Alaior, Cales Coves und Es Migjorn Gran. Für Tier- und Umweltschutz auf den Balearen tritt seit 1971 die private Vereinigung Grup Balear de Ornitologia i Defensa de la Naturalesa (GOB) ein *(www.gobmenorca.com)*.

2001 schlossen sich alle 20 Kommunen unter Leitung des Inselrats an die Agenda Local 21 an. Seit 2005 arbeiten die Gemeinden an der Umsetzung der Aktionspläne. Die Lokale Agenda 21 basiert auf einer Übereinkunft der UNO zur nachhaltigen Entwicklung auf kommunaler Ebene. Damit sollen einzelne Gemeinden in die Lage versetzt werden, sich in sozialer, ökologischer und ökonomischer Hinsicht so auszurichten, dass auch künftigen Generationen ein lebenswertes Umfeld erhalten bleibt.

PRÄHISTORISCHE BAUTEN

Die kleinen, lang gestreckten „Pyramiden" im Westen Menorcas werden *navetas* (menorquinisch *naus*) genannt, weil ihre Form an einen kieloben liegenden Schiffsrumpf erinnert. Sie stammen aus der Bronzezeit (um 1500 v.Chr.) und dienten als Grabstätten. Die älteste ist die Nau des Tudons bei Ciutadella (4 km).

Talaiots sind auch auf anderen Baleareninseln zu finden; sie gehen auf das 14.–8. Jh.v.Chr. zurück. Bisher wurde angenommen, dass es sich dabei um Wachttürme und Wohnhäuser handelte. Neuere Untersuchungen weisen jedoch auch auf eine religiöse bzw. zeremonielle Nutzung der Bauwerke hin, die oft aus großen, grob behauenen Steinquadern und immer ohne Verwendung von Mörtel zusammengesetzt sind.

Die *taules* („Tafeln" oder „Tische") wurden laut Inselmythologie von einem ausgestorbenen Riesengeschlecht als Mobiliar benutzt. Frühe Inselarchäologen sahen in den 2 bis über 3 m hohen Steinplatten mit horizontalem Schlussstein, der eigentlichen *taula*, die blutigen Wirkungsstätten Menschen opfernder keltischer Druiden. Wahrscheinlicher ist, dass die *taules* selbst eine Gottheit repräsentierten, z.B. einen Stier. Fast immer ist das zentrale steinerne T von einem Monolithenkreis umgeben. Die gesamte Anlage, in der ein ständiges Feuer brannte und in der Tieropfer dargebracht wurden, diente zweifellos kultischen Zwecken.

TANQUES

So nennen sich jene Felder Menorcas, die von einem ohne Mörtel errichteten Steinwall umgeben sind und zumeist durch ein Gatter verschlossen werden. Insgesamt soll die Gesamtlänge aller derartigen Natursteinmauern auf der Insel an die 15000 km betragen.

TIERE

Einige Spezies kommen nur oder besonders reichlich auf Menorca vor. Dazu gehören der eher hässliche kleine weiße Geier *moixeta*, hauptsächlich an der Nordküste beheimatet und der einzige seiner Art, der keinen winterlichen Zug nach Süden antritt, der Königsmilan, der vor allem an den Steilhängen der Küsten und in hoch gelegenen Baumkronen größerer Wälder sein Nest anlegt, sowie die kurzbeinige Balearenspitzmaus, die, extrem scheu, im Schatten und in Mauerritzen lebt.

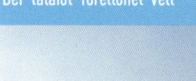
Der talaiot Torellonet Vell

VON WEGEN KÜHL ...

Typisch für Menorca sind die vielen Patronatsfeste mit Reiterumzügen

> Eigentlich sollen die Menorquiner einen für mediterrane Verhältnisse eher kühlen Charakter haben. Dieses Vorurteil wird jedoch im Juni widerlegt. Die Feierlichkeiten zu Sant Joan, dem Fest des hl. Johannes in Ciutadella, stellen einen Höhepunkt des Festkalenders dar. Pferde preschen durch die Menge, da wird gelacht, getanzt, angebändelt, getrunken. Auf Menorca ist auch bei vielen anderen *festes* und *jaleos* das Pferd dabei.

■ FEIERTAGE ■

1. Jan. *Cap d'any*, Neujahr; **6. Jan.** *Tres Reis*, Hl. Drei Könige; **17. Jan.** *Festa de Sant Antoni;* **1. März** *Dia de les Illes Balears*, Tag der Balearen; **Dijous Sant** Gründonnerstag; **Divendres Sant** Karfreitag; **1. Mai** *Festa de Treball*, Tag der Arbeit; **15. Aug.** *L'Assumpció*, Mariä Himmelfahrt; **2. Okt.** *Dia de l'Hispanitat*, Entdeckung Amerikas; **1. Nov.** *Tots Sants*, Allerheiligen; **6. Dez.** *Dia de la Constitució*, Verfassungstag; **8. Dez.** *La Immaculada Concepció*, Mariä Empfängnis; **25./26. Dez.** *Nadal*, Weihnachten

■ ÖRTLICHE FESTE UND VERANSTALTUNGEN

März/April
Setmana Santa (Karwoche); Karfreitagsprozession in Maó; am Ostersonntag singen Chöre überall auf der Insel.

April
23.: *Festa de Sant Jordi* (Georgstag); auf den Marktplätzen werden Rosen und Bücher verkauft.
Letzte Aprilwoche: *Setmana internacional de l'orgue* (Int. Orgelwoche) in den Kirchen in Maó.

Mai
8.: *Festa de la Verge del Toro*; als Schutzpatronin der Insel wird die hl. Jungfrau vom Monte Toro geehrt.

Mai/Juni
Pentecostés (Pfingsten); typisch die Landausflüge, oft verbunden mit einem Picknick der ganzen Familie.

Aktuelle Events weltweit auf www.marcopolo.de/events

> EVENTS
FESTE & MEHR

Juni

Setmana de l'opèra (Opernwoche) im Teatre Principal in Maó.

Diumenge des Be (Sonntag des Schafs), Beginn der Johannisfeiern mit der Schafsprozession.

23./24.: ⭐ *Festes de Sant Joan*; Höhepunkt der Festwoche mit Reiterprozessionen *(caragols)*, Konzerten und Tanz, Reiterspielen und Feuerwerk.

29.: *Festa de Sant Pere;* Fischerfest mit Segelregatten am Hafen von Maó.

Juli

Ab 9.-Anf. Sept.: *Festival de Música d'Estiu* (Sommermusikfestival) im Priesterseminar in Ciutadella.

15./16.: *Festa del Carme* in Maó, Ciutadella, Fornells; Schiffsprozessionen zu Ehren Unserer lieben Frau von Karmel.

24./25., Es Castell: *Festa de Sant Jaume* zu Ehren des hl. Jakobus mit Pferdeumzügen, Musik und Feuerwerk am Hafen.

3. So, Es Mercadal: *Festa de Sant Martí* zu Ehren des hl. Martin mit Umzügen und Reiterprozession.

Ende Juli–Ende Aug.: *Nits de música clàssica* (klassische Musik) in Fornells.

August

Erstes Wochenende, Es Migjorn Gran: *Festa de Sant Cristófol* zu Ehren des hl. Christophorus.

2. Wochenende, Alaior: *Festes de Sant Llorenç* zu Ehren des hl. Laurentius; Pferderennen, Umzug.

3. Wochenende, Sant Climent: *Festes de Sant Climent* zu Ehren des hl. Klemens, Wasserschlachten, Reiterumzug.

23.-25., Ferreries: *Festes de Sant Bartomeu* zu Ehren des hl. Bartholomäus; Pferdeumzüge, Jahrmarkt.

4. Wochenende, Sant Lluís: *Festes de Sant Lluís* zu Ehren des hl. Ludwig, Umzug mit geschmückten Kutschen, Konzerte, Jahrmarkt, Feuerwerk.

September

7.-9., Maó: *Festes de la Verge de Gràcia* zu Ehren der Schutzpatronin der Hauptstadt; Prozessionen, Reitervorführungen, Messen, Feuerwerk.

> FELDER UND MEER DECKEN DEN TISCH

Einfach, ehrlich, erdverbunden – Menorcas echte Küche kommt wieder zu Ehren

> *Bon profit!* Auch wenn die Preise mancher *caldereta* das Gegenteil vermuten lassen – der klingende Tischgruß gilt nicht dem Wirt, der händereibend die Rechnung präsentiert, sondern wünscht schlicht und einfach guten Appetit.

An die 440 Restaurants mit über 26 200 Plätzen kümmern sich auf Menorca um das leibliche Wohl der Gäste. Eine eher oberflächliche Qualitätseinteilung – sie bezieht sich vor allem auf Sauberkeit, Ausstattung und Platzangebot – vergibt die Balearen-Regierung für Restaurants (Gabeln als Symbol), Bars (Kelche) und Cafeterias (Tassen). Ein Symbol bezeichnet die schlichteste Qualität, drei das Spitzenangebot. Knapp ein Drittel der Lokale Menorcas sind reine Ferienbetriebe, die mit dem Saisonende schließen und für gewöhnlich eine mehr oder weniger gute „internationale Küche" anbieten, sprich: *Beefsteak, Chicken, Hamburger,* gelegent-

ESSEN & TRINKEN

lich Fisch, meist mit einer großzügigen Portion Pommes frites und etwas Salat. Wer das einmal probiert hat, weiß, wie es überall schmeckt, und wird dann vielleicht neugierig darauf werden, was in den *greixoneres* und *olles* (Tonschüsseln und -töpfen) des Landes sonst noch brodelt. Um es gleich vorwegzunehmen: Der Versuch lohnt sich. Menorcas Küche ist einfach und herzhaft, im Zweifelsfall kalorienreich und schmackhaft. Im Kochtopf vermischen sich Kulturen, die in der Geschichte unvereinbar blieben. Arabische und katalanische Grundrezepte erhalten einen pragmatischen britischen *touch* oder werden um eine feine französische Note bereichert. Gegessen wird, was die Felder und das Mittelmeer hergeben: typische Gemüse wie Tomaten, Artischocken, Erbsen, Bohnen, Zwiebeln, Kartoffeln, Möhren und Kohl, dazu Wild, Lamm, Kalb, Schwein und viel frischer Fisch und andere Meeresfrüchte – alles bevorzugt zubereitet mit Knoblauch, Olivenöl und den aromatischen Kräutern der Insel, wie Thymian und Rosmarin.

Als Menorca-Menü der gehobenen Klasse bietet sich die *caldereta* an: Languste in zarter Gemüsebrühe (Zwiebel, zwei Knoblauchzehen, Tomate, Lauch, abgeschmeckt mit zwei Esslöffeln Kognak und etwas Petersilie). Um die 70 Euro kostet die Portion; für diesen stolzen Preis darf der Gast eine lebende Languste verlangen, die dann im Kochtopf zur kulinarischen Köstlichkeit wird.

> SPEZIALITÄTEN

Genießen Sie die typisch menorquinische Küche!

Alberginíes al forn – gebackene Auberginen: mit Brot, Ei, Gewürzen und Auberginenfleisch gefüllte Auberginenhälften werden im Ofen gebacken

Arròs brut – „schmutziger Reis": Reistopf mit Fleisch, Blutwurst, Erbsen, Bohnen, Knoblauch und Kräutern

Calamar farcit – gefüllter Tintenfisch: angebratene Tintenfische werden mit einer Mischung aus gehacktem Brötchen, Petersilie, Knoblauch, Ei und Pinienkernen gefüllt und im Ofen geschmort

Carabassons al forn – gebackene Zucchini: gleiche Zubereitung wie *alberginíes al forn*

Coca de verdura – Hefeteigplatten, die mit Gemüse belegt sind

Greixonera de brossat – im flachen Tontopf mit Zitronenschale und Zimt gebackener Schichtkäse, eine cremigleichte Nachspeise

Llom amb col – mit Weißwein, Speck, Tomaten, Zwiebeln, Knoblauch und Thymian in einem Tontopf gegarter Kohl-Fleisch-Eintopf

Oli i aigua – Gemüsesuppe auf Tomatengrundlage, serviert in Tonschalen und mit dünnen Brotscheiben

Olla de mongetes – kräftige Bohnensuppe mit Zwiebeln, Tomaten, Knoblauch und weißen Bohnen

Peix en es forn – Fisch aus dem Ofen: Heilbutt, Rotbarsch oder eine ähnliche Fischsorte mit Kartoffeln, Rosinen, Pinienkernen, Spinat und Tomaten im Ofen gebacken

Perdiu amb col – Perlhuhnbrüste werden angebraten und im Tontopf gegart. Mit Mehl bestäubte Kohlblätter werden in Öl goldgelb gebraten und im Tontopf mit den Perlhühnern serviert

Pilotes – winzige Fleischbällchen in Tomaten- oder Mandelsoße, in fast allen Bars als Tapa erhältlich

Sofrit – Gemüsepfanne aus Zwiebeln, Paprika, Tomaten und Knoblauch, als Beilage oder zum Belegen von Teigplatten *(coques)*

RESTAURANT
CUINA MENORQUINA

Schon am Flughafen begegnet man wahren Gebirgen von *ensaïmadas*, jenem schneckenförmigen, luftigen Hefegebäck, das in verschiedenen Größen und mit unterschiedlichen Füllungen, z.B. *cabello de ángel* (Kürbiskonfitüre), *crema* (Pudding) und *nata* (Schlagsahne), in fast allen Bäckereien der Insel zu finden ist. Wichtig bei der Zubereitung: Die echte *ensaïmada* wird in ausgelassenem Schweineschmalz (daher auch ihr Name: „Geschmalzene") gebacken. *Crespells* hingegen sind trocken, krümeln leicht und sind deshalb mit Vorsicht zu genießen.

Bei den Wurstwaren der Insel steht die *sobrasada*, eine Streichwurst aus Schweinefleisch, die durch roten Paprika ihre charakteristische Rotfärbung erhält, an erster Stelle. Sie wird gern auch in Scheiben geschnitten und gebraten und sogar mit Honig oder *ensaïmadas* kombiniert. Auch *butifarrones* (Blutwürste) und *carn i xulla* (eine grobe Salami mit Pfeffer) werden überall angeboten, ebenso wie der berühmte Menorcakäse, der *Queso Mahón-Menorca*.

So sicher der Gin mit den Engländern nach Menorca kam, so sicher ist auch, dass die Menorquiner an der Spirituose, die ihnen als *gin* geläufig ist, Geschmack gefunden haben. Eine Brennerei stellt ihn noch nach alten Rezepten im Hafen von Maó her. Ein beliebter Inselcocktail erfrischt unter dem Namen *pellofa* mit Gin, der durch einen guten Spritzer Soda auf Trinkstärke verdünnt ist und mit Zitronenschale serviert wird. Besonders an Festtagen wird auch reichlich der *pomada* zugesprochen, einem Mix aus Gin und Limonade.

Der *herbes* (spanisch *hierbas*, „Kräuter") kommt ursprünglich von der weiter westlich gelegenen Baleareninsel Ibiza, doch bekommt man auch auf Menorca hervorragende

Das kleine Frühstück, klassisch: café con leche und eine ensaïmada

Exemplare dieses süßen, gelblichen Kräuterlikörs. Zwei regionale Besonderheiten sind dagegen der typisch menorquinische Kamillenlikör sowie der *palo*, ein Likör, der aus den Früchten des Johannisbrotbaums hergestellt wird.

KERAMIK, KÄSE, SCHMUCK

Die vielen Familienbetriebe und Kleinmanufakturen haben ein bemerkenswertes Faible für Klassisch-Elegantes entwickelt

> Schon totgesagt, hat sich das Kunsthandwerk der Balearen in den letzten Jahren spürbar erholt. Ein schönes Beispiel dafür gibt Menorca. Neue, kreative Geister besinnen sich auf klassische Formen, überlieferte Vorgaben und alte Produktionsprozesse. Das Ergebnis kann sich sehen lassen: elegante Schuhe aus edlem Leder oder, eher alternativ, handgeschnittene *avarques* (Sandalen), Ledertaschen, -mäntel, -jacken und -hosen für jeden Geschmack und jeden Geldbeutel. Angeboten werden ferner Keramik, immer öfter auch kunstfertige Tischlerarbeiten und traditionelle Musikinstrumente. Beliebt sind auch die mit Leinen bespannten Klappstühle, die man sich in seiner Lieblingsfarbe anfertigen lassen kann bei *Sillas Menorca (Polígon Industrial de Ferreries, C/. Teulers, 16)*. In allen größeren Orten gibt es *bisutería*, womit Modeschmuck und Strass gemeint sind. Schon seit dem 17. Jh. wird auf der Insel modisches Zubehör hergestellt.
Öffnungszeiten der Geschäfte: Mo–Fr 9.30–13.30, 17–20 Uhr, Sa nur vormittags

GIN, PALO, HERBES

Als typisch menorquinisches Erzeugnis bietet sich Souvenirjägern Gin an, der mit den Engländern auf die Insel kam. Eine weitere hochprozentige Spezialität ist der bräunliche-dunkle *palo*, ein Likör, der aus geschmolzenem Zucker bzw. aus den Früchen des Johannisbrotbaums hergestellt wird. *Hierbas* oder *herbes*, der bis zu 40 verschiedene Inselkräuter enthaltende Likör, stammt eigentlich von Ibiza, fehlt aber auch auf Menorca in keiner Bar – ebensowenig der Kamillenlikör.

KAMILLE

Ätherische Öle, Harze und Glykoside verleihen den getrockneten Blütenköpfen der Echten oder Feldkamille eine heilkräftige Wirkung. Früher wurde die in ganz Spanien berühmte Menorca-Kamille (katalanisch *camamilla*) besonders im Raum Ciutadella geerntet. Heute wird sie auf der Insel nur noch von wenigen gepflückt. Echte Menorca-Kamille bekommt man noch bei *Tot Bio* in *Maó (C/. Bon Aire, 18)*.

> EINKAUFEN

■ KÄSE ■

Er riecht kaum, hat eine mehr oder weniger feste Rinde und lässt sich dank seiner quadratischen Form leicht lagern und transportieren: der *Queso Mahón-Menorca*, wie er seit 1995 offiziell heißt, beworben unter den Markennamen *Coinga, Sant Patrici, La Payesa* u.a. Der Menorcakäse ist ein ideales Urlaubsmitbringsel, das man in fast allen Lebensmittelgeschäften oder direkt bei einem der Hersteller in Alaior bekommt. Aber Achtung, nur etwa 30 Prozent des angebotenen Käses ist wirklich hausgemachter Käse; er unterscheidet sich von seinen industriell gefertigten Vettern äußerlich durch die grobe Baumwolltuchstruktur, die besonders an den Eckrundungen sichtbar ist, sowie durch den würzigeren Geschmack.

■ KERAMIK ■

Fast immer sind die Einzelstücke oder das komplette Essservice von Hand bemalt. Farbenfrohe rustikale Motive, bisweilen auch schlichte britische Ornamente ste-

hen im Vordergrund. Die Herstellung der Tonwaren folgt strengen, überlieferten Regeln; nur einige junge Töpfer machen neuerdings kreative Zugeständnisse.

■ KUNSTHANDWERK ■

Im Juli und August finden jeden Mittwochabend in Alaior und am Donnerstagabend in Es Mercadal spezielle Kunsthandwerksmärkte statt.

■ LEDER ■

Lederwaren aus Inselproduktion findet man z.B. in *Maó* bei *Milady (Moll de Llevant, 305, und C/. Nou, 37)* und bei *Pons Quintana (C/. S'Arravaleta, 21;* Schuhe), in *Alaior* bei *Gomila (C/. Miguel de Cervantes, 46;* Schuhe) in *Ciutadella* in der Lederfabrik *Patricia (Ctra. Santandria)* und in deren Boutique in der Altstadt *(C/. Seminari, 40)*. Die Manufaktur *Mascaro* stellt neben exklusiven Beinkleidern auch modische Lederaccessoires her. Shops findet man am Flughafen, in Ferreries *(Polígono Industrial)* und in *Maó (C/. Dr. Orfila, 29)*.

> MERRY MINORCA

Den Engländern verdankt Maó seinen Rang als administratives und geschäftliches Zentrum der Insel

> Seit Jahrhunderten schon schwelt der Wettstreit zwischen dem Westen Menorcas und dem Osten, zwischen den Städten Ciutadella und Maó. Lange war Ciutadella der wichtigste Hafen und damit der führende Ort der Insel. Das änderte sich erst mit den Engländern, die die Insel besetzten und bis heute Minorca nennen. Der Widerstand gegen die britische Okkupation wuchs mit jedem neuen Gouverneur, besonders in den Reihen der noblen und wohlhabenden Fami-

lien, die von jeher überwiegend in Ciutadella lebten. Auch der Klerus, ohnehin verärgert angesichts der plötzlichen Präsenz des konkurrierenden anglikanischen Bekenntnisses, verübelte Gouverneur Richard Kane seine Einmischung in die Geschäfte des starken Arms der Kirche, der Inquisition.

Ganz anders Maó. Hier empfand man die Engländer fast als Befreier, die neue Handelsmöglichkeiten er-

Bild: Maó

MAÓ/ OSTSPITZE

öffneten. Deshalb zögerte Richard Kane wohl auch nicht lange und machte Maó kurzerhand zur Inselhauptstadt. Heute steht die größte urbane Ansammlung der Insel in auffälligem Kontrast zur Einsamkeit der zerklüfteten Nordküste, zu der Stille des Unesco-Biosphären-Rückzugsgebiets, des Feuchtgebiets von Es Grau, und zum schmalen Saum der verschlafenen Siedlungen, die die Südküste entlangwachsen.

ES CASTELL

[121 E4] **Schon an der Einfahrt des kilometerlangen „Fjords", der in Maó endet, beeindruckt, wie tief sich englisches Kolonialdenken auf die Architektur ausgewirkt hat: rechteckiger Stadtplan, zentraler Hauptplatz, umgeben von Garnisonsgebäuden.** Die ehemalige Kronsiedlung Georgetown, später auf den Namen Villacarlos umgetauft, heißt nun Es Castell (8100 Ew.) und ist zu einer selbstbewussten Gemeinde aufgeblüht. Der Hafen, *Cales Fonts*, ist voller Leben: Bars, Boutiquen, Restaurants. Hierher verlagert sich ein Teil der abendlichen Szene aus Maó.

Grillfleisch mögen, sind Sie hier richtig. Gute menorquinische Küche zu akzeptablen Preisen. *Miranda de Cales Fons | C./Ruiz y Pablo, 97 | Tel. 971 35 49 50 | €€*

Romantische Abendstimmung im Hafen von Es Castell

ESSEN & TRINKEN

EL PUCHERO

„Friendly and beautifully", das kleine Restaurant von Marcos und Kate – nicht am Meer, aber auch das Steak „perfect english". *C/. Gran, 67 | Tel. 971 35 69 83 | €€*

CAPRICHOSA

Angesagte Pizzeria mit Meerblick, im Sommer gut besucht. *Cales Fonts, 44 | Tel. 971 36 61 58 | €*

EL CHIVITO ▶▶

Preiswert, freundlich, gut; auch `ocadillos. Junge Leute, nette Kellner. *Cales Fonts, 25 | Tel. 971 35 29 44 | €*

SA FOGANYA

Wenn Sie die leckeren „belegten Menorca-Brote" *(pan amb oli)* und

TRÉBOL

Das kleine Hafenrestaurant hat auch unter Menorquinern einen guten Ruf, vor allem für frischen Fisch. *Cales Fonts, 43 | Tel. 971 36 70 97 | €€*

EINKAUFEN

Ein kleiner Kunsthandwerkermarkt findet von Juni bis September auf der Hafentreppe von *Cales Fonts* statt. *Sara Ortiz* bringt Glas in Form *(C/. Llevant, 26 | apart. 3).*

ÜBERNACHTEN

EL ALMIRANTE 🔊

Einst residierte Admiral Collingwood in dem Anwesen aus dem 18. Jh.; heute ist es jedermann zugänglich. Meernähe, Pool, Tennisplatz. *39 Zi. | Ctra. Port de Maó-Es Castell | Tel. 971 36 27 00 | Fax 971 36 27 04 | €€*

SON GRANOT

Feudal, ein wenig pompös und überladen vielleicht, eben genau so, wie man sich das Heim des ehemaligen Chefingenieurs des britischen Empires für die Insel vorstellt. Hier kann man auch Räder mieten und hat so einen guten Ausgangspunkt für Erkundungsfahrten. *9 Zi.* | *Nov.–Mai geschl.* | *Ctra. de Sant Felip* | *Tel. 971 35 55 55* | *Fax 971 35 57 71* | *www.songranot.com* | €€– €€€

HOTEL SANT JOAN DE BINISSAIDA

Das alte Landhaus ist heute ein komfortables Hotel mit Stil und ganz eigenem Charakter; Garten, Pool, Terrassen. *11 Zi.* | *Binissaida* | *Ctra. Es Castell-Sant Lluís* | *Tel. 971 35 55 98* | *Fax 971 35 50 01* | *www.binissaida.com* | €€

FREIZEIT & SPORT

Lernen Sie segeln im *Club Náutico Es Castell (Miranda de Cales Fonts* | *Tel. 971 36 58 84)*. Hafenrundfahrten werden mit den beiden Glasbodenbooten „Marivent" und „Cala Tuent" angeboten: im Sommer einmal täglich nachmittags, Abfahrt *Cales Fonts (Excursiones Pirata Azul* | *Tel. 646 11 47 67)*.

AM ABEND

Eher getragen statt Highlife, in der Gegend um Cales Fonts; kleine Läden sind bis in die Nacht hinein geöffnet, kleine Bars, gemütliche Cafés und Restaurants mit internationalem Fluidum schaffen eine angenehme Atmosphäre für einen ruhigen Abend unter Menschen. Genannt seien das *Chèspir (Cales Fonts, 47)*, Musikbar, manchmal mit Livejazz, mit herrlichem Hafenblick und guten Cocktails sowie das *Margarita Café (Moll d'en Pons, 6)*, Höhle und Terrasse mit Blick auf die vorbeifahrenden Ozeanriesen, dazu Drinks und Tapas. Livemusik und Karaoke gibt's im ▶▶ *Es Cau (tgl. ab 22 Uhr* | *Cala Corb)*.

AUSKUNFT

Rathaus | Tel. 971 36 51 93

ZIELE IN DER UMGEBUNG

CASTELL DE SANT FELIP [121 E4]

Die Straße zum Friedhof *(Camí del Cementeri)* führt auch zu den Ruinen der Festung, die einst die Hafeneinfahrt von Maó beherrschte. Spaniens König Philipp II. sah gegen die ständige Bedrohung durch Piraten nur ein Verteidigungsmittel: die Errichtung einer Befestigungsanlage.

MARCO POLO HIGHLIGHTS

⭐ Santa Maria
In diesem Gotteshaus in Maó ist ein wahres Wunder der Orgelbaukunst zu bestaunen (Seite 38)

⭐ Cales Coves
Die Doppelbucht mit ihren 100 Höhlen blickt auf eine vielschichtige Vergangenheit zurück (Seite 46)

⭐ Hafenrundfahrt in Maó
Mit dem Katamaran durch den größten Naturhafen des Mittelmeers pflügen (Seite 42)

⭐ Binibèquer Vell
Das faszinierende Gewirr der Gässchen, Erker und Winkel erscheint als Ferienhauskonzept der Zukunft (Seite 48)

1554 wurde mit den Arbeiten begonnen, doch erst 54 Jahre später endete der Ausbau – vorläufig, denn die Engländer bauten das Fort zu einer der sichersten Anlagen im Mittelmeer aus. Sie galt als so sicher, dass Karl III. nach seiner Thronbesteigung die Sprengung der Festung anordnete. Heute sieht man Ruinen, die langsam aber sicher von der Natur zurückerobert werden, unterirdische Galerien und Verbindungsgänge. Das Gelände kann auf Voranmeldung besichtigt werden *(Tel. 971 36 21 00)*.

Eine weitere Festung birgt das Südufer der nahen *Cala Sant Esteve*. Hier erbauten die Engländer im 18. Jh. das *Fort Marlborough*, das heute als Museum eine Reise in die Vergangenheit ermöglicht *(siehe „Mit Kindern reisen")*.

ILLA DEL LLATZERET [121 E4]

Ein riesiges Krankenhaus bedeckt die Südspitze der in der Hafeneinfahrt gelegenen Insel. Hier war 1817 bis 1917 die Quarantänestation des Hafens untergebracht. Streng bewacht und durch wuchtige Mauern geschützt, muss das Hospital tragische Schicksale erlebt haben. Dass auch die Hausgeistlichen keinesfalls vor Seuchen gefeit waren, belegt die Erfindung der „Hostienmaschine" durch Pfarrer Francisco Preto, die es erlaubte, das Abendmahl ohne Hautkontakt zu spenden. Außer dem Lazarett, das vom spanischen Gesundheitsministerium als Kurhaus für Beamte und als Kongressstätte genutzt wird, gibt es ein kleines *Museum*. Die Lazarettinsel kann allerdings nur im Winter an bestimmten (wechselnden) Wochentagen besucht werden.

MAÓ

 **KARTE IN DER HINTEREN UMSCHLAGKLAPPE**

[121 D-E4] Dass hier, am hoch gelegenen Nordufer, ein guter Platz zum Siedeln sei, erkannten schon die antiken Bewohner

Ses Voltes: Die Treppe in Maó führt hinab zum Hafen

Menorcas. Megalithfunde an der Plaça de la Conquesta, der Talaiot und die Megalithsiedlung Trepucó, kaum 2 km entfernt, legen steinernes Zeugnis davon ab. Schriftliche Dokumente hinterließen später die Römer, die den sturmsicheren Naturhafen ebenfalls nutzten. Doch Wachstum über die Stadtmauern hinaus, politische, juristische Verantwortung und die guten Geschäfte kamen erst mit den Engländern.

Einen enormen Boom muss Maó im 18. Jh. erlebt haben. Ältere Bauten wurden abgerissen oder umgebaut, ein neues Standardmaß wurde zur gesellschaftlichen Werteskala und zur Grundlage der Besteuerung von Immobilien. Auch heute noch fallen im Zentrum von Maó drei Standardwerte bei der Bemessung von Hausfassaden auf. Häuser mit einer Breite von einem *trast* (5 m) sind eher bescheiden; meist dienen sie als Wohnhäuser oder beherbergen Backstuben oder kleinere Läden. Das *trast i mig* (1,5 *trast* = 8 m) charakterisiert den Mittelstand; wohl situierte Händler und besser gestellte Beamte konnten sich solchen Luxus leisten. Die *dos trast*-Grenze wurde selten überschritten (2 *trast* = 10 m und mehr); hier ließen die Machthaber die (pekuniären) Muskeln spielen.

Englische Merkmale auch beim „Outfit" der Gebäude: Viele weisen Butzenscheiben mit dem typisch britischen Schiebemechanismus auf. Und der Vergleich im Detail überzeugt vollends: Türklopfer in Ciutadella zeigen bildhaft Hände, Löwenköpfe und Gänsehälse grüßen den Ankömmling. In Maó hingegen verschafft man sich über eher starre, geometrische Figuren Zutritt.

Urenglische Merkmale sind nicht nur in die Fassaden vieler Häuser Maós gemeißelt, sondern auch in die Gesichter ihrer Bewohner. Man sieht und spürt in der lebendigen Inselhauptstadt (30000 Ew.), dass die Briten, die ungefähr ein Jahrhundert lang Herren Menorcas waren, Spuren ihrer Denk- und Lebensart ebenso hinterlassen haben wie leibliche Nachfahren. Rotblonde Haarschöpfe, kantige Kiefer, drahtige Figuren: Mitunter verrät lediglich die Kleidung oder die Sprache, ob es sich um einen Insulaner oder um einen angelsächsischen Urlauber handelt.

Urenglisch ist auch die *Plaça de S'Esplanada*. Alle wichtigen Zufahrtsstraßen enden hier, und hier sollte man als Autofahrer möglichst auch den Wagen abstellen (in der Tiefgarage), denn der Stadtkern bietet kaum Parkplätze. Die gibt es sowohl in der Tiefgarage unter dem Platz als auch in den umliegenden Straßen; allerdings sind sie gebührenpflichtig. Auf dem Platz selbst, ehemals Wehrübungsplatz der britischen Besatzer, spielen Kinder zwischen den Hibiskussträuchern der Gartenanlage, ruhen Touristen auf den Bänken vom anstrengenden Besichtigungsgeschäft aus. Wer Hilfe braucht, findet im Fremdenverkehrsbüro um die Ecke Beratung.

■ SEHENSWERTES ■

ATENEU CIENTÍFIC   **[U A2]**

Bibliothek und kleine Ausstellung von Keramik, antiken Karten und Fossilien. *Rovellada de Dalt, 25 | nahe Pl. de S'Esplanada | Mo–Sa 10–14, 16–22 Uhr; im Hochsommer nur vormittags | www.ateneumao.org*

MAÓ

BAIXAMAR/HAFEN [U A-E1]

„Julio, agosto y Mahón/los mejores puertos del Mediterraneo son" (Juli, August und Mahón sind die sichers-

Skulptur im Museo de Menorca

ten Häfen im Mittelmeer): So reimte wortgewandt einer, der es wissen musste. Admiral Andrea Doria konnte von seinem Lieblingshafen nur Positives berichten: ausreichender Tiefgang, exzellenter Wind- und Wetterschutz für eine ganze Flotte und gute medizinische Versorgung zählten zu den Stärken der drei Meilen langen und mehr als 1000 m breiten Hafenschneise. Bei Bedarf konnte das Hafenbecken durch eine Festung (Sant Felip) verschlossen werden – ein militärischer Idealhafen, in seiner Größe einzigartig im Mittelmeer.

Eher zivile Verwendungszwecke haben erst in jüngster Zeit moderne Maoneser Landratten dem Hafen hinzugefügt. Nach Baixamar, „hinunter zum Meer", geht man heute des Vergnügens wegen. Dabei offeriert die Hafenmeile nicht nur ein ständig steigendes gastronomisches Angebot, sondern auch vielfältige sportliche Aktivitäten rund ums Meer und eine weite Palette von Unterhaltungsmöglichkeiten, angefangen von Souvenirshops, Bootsausflügen und der inselweit bekannten Gin-Destillation Xoriguer als Gelegenheiten für tagsüber bis hin zu unzähligen Diskotheken, Bars und Pubs, viele in den ehemaligen Lagerhallen und Bootshöhlen, wo man den Abend bis tief in die Nacht verbringen kann.

Baixamar ist aber nicht nur die aufgeputzte Gegend um die beiden Hafenmolen, die westlich gelegene Moll de Ponent, die gegen Osten in die Moll de Llevant und schließlich in die Cala Figuera übergeht, sondern auch der nördliche, gegenüberliegende Küstenstreifen. Hier residieren die großen Industriebetriebe, Lager und Handelskontore sowie die Verladestationen der Frachtschiffe; unvorteilhaft stößt hier auch das einzige Kraftwerk Menorcas auf, das einen Teil der Insel mit Energie versorgt – der Rest kommt per Unterseekabel von Mallorca.

BIBLIOTHEKEN 🔊

Gleich zwei gute Adressen hat Maó im Bereich des geschriebenen bzw.

gedruckten Wortes anzubieten: die *Staatsbibliothek* [U B1–2] *(Pl. de la Conquesta, 8 | Mo–Fr 9.30–13.30 und 17–20.30, Sa 9.30–13.30 Uhr, im Hochsommer nur Mo–Fr vormittags)* und die kleinere *Bibliothek Fernando Rubió i Tudurí* [U C2] *(Pl. de la Miranda | Claustre del Carme | Lokal 48 | Mo–Fr 9–13 und 17–20, Sa 10–13 Uhr, Juni–Sept. Sa geschl.).*

COLLECCIÓ HERNÁNDEZ SANZ – HERNÁNDEZ MORA [U C2]

Wer mehr von Menorcas und speziell Maós jüngerer Geschichte wissen möchte, muss diese Sammlung besuchen. Antike Karten, Bücher, historische Dokumente, Bronzebüsten und Möbel lassen vergessene Zeiten wieder lebendig werden. *Im Obergeschoss des Claustre del Carme | Pl. del Carme, 5 | Mo–Sa 10–13 Uhr*

MOLÍ DEL REI ❀ [U C2]

Bei der „Königsmühle" handelt es sich um einen Mühlturm aus dem 18. Jh., der 2005 restauriert und ausgebaut wurde. Seither dient er als ökologisches Informationszentrum, als Shop für besondere (meist umweltverbundene) Menorca-Souvenirs und vor allem als eine der besten Aussichtsplattformen über die Altstadt und den Hafen. *Camí des Castell, 53 | Mo–Fr 9–14 Uhr | Eintritt frei | www.gobmenorca.com/moli*

MUSEU DE MENORCA [121 D-E4]

Gezeigt werden im Kloster *Sant Francesc* archäologische Fundstücke, aber auch historische Gemälde und Landkarten sowie ethnologische Exponate und zeitgenössische Kunst – der reichste Fundus Menorcas zu Traditionen, Brauchtum, Geschichte und Vorgeschichte. *Av. Doctor Guardià, s/n | April–Okt. Di–Sa 10–14, 18–20, So 10–14, Nov.–März Di–Fr 9.30–14, Sa/So 10–14 Uhr*

PLAÇA BASTIÓ [U B1–2]

Über den leichten Anstieg des *Carrer Sant Roc* gelangt man zur Plaça Bastió. Das Tor war Teil der antiken Stadtmauer und Ausgangspunkt der langen Reise zum Westzipfel der Insel, nach Ciutadella. Heute sind in den Türmen verschiedene Vereinigungen untergebracht; den Platz beherrschen Bars und Cafeterias.

PLAÇA DEL CARME [U C2]

Für Maós Lebensmittelmarkt sollte man reichlich Zeit einplanen. Er ver-

>LOW BUDGET

> Seltenheitswert genießt das kleine Bestattungsmuseum, *Museu Funerari*, nicht nur wegen seines Themas, sondern auch, weil der Eintritt frei ist. *Mo–Sa 10–19 Uhr | Cementeri de Maó | C/.Cos de Gràcia*

> Neben kostenpflichtigen Stadtführungen bietet die Stadtverwaltung von Maó gelegentlich auch kostenlose Touren an. Termine erfährt man im Tourismusbüro oder unter *Tel. 971 36 98 00.*

> Gratis surfen kann man in den städtischen Bibliotheken von Maó über einen WIFI-Anschluss fürs Laptop: *Ateneo de Menorca (Rovellada de Dalt, 25), Fundació Rubió Tudurí Andromaco (Claustro del Carme), Biblioteca Pública de Maó (Plaça Conquista, 8)*

birgt sich im Kreuzgang des ehemaligen Klosters *Claustre del Carme* am gleichnamigen Platz. Der Markt und seine Halle sind ein echtes Unikum: sakrale Arkadengänge, lachende Marktfrauen, Gemüse und Obst – die ehrwürdigen Säulenreihen (errichtet ab 1726 und bis heute nicht ganz fertig gestellt) ertragen diesen Trubel mit Gelassenheit, mussten sie im Lauf ihrer Geschichte doch schon Gefangene, Schulkinder und Richter beherbergen. Wer sein kleines Spektakel erleben möchte, der trinkt in der Marktbar *Café de Sa Plaça* einen *carajillo* (kleiner Kaffee mit alkoholischem Zusatz), gibt anschließend ein großzügiges Trinkgeld und kann dann die Glocken läuten hören.

PLAÇA DE LA CONQUESTA [U B1]

Hier, im ältesten Teil der Stadt, befindet sich das Kulturhaus *Casa de Cultura* mit einer ergiebigen öffentlichen Bibliothek und dem Stadtarchiv; ein paar Schritte weiter steht das *Rathaus* (Baubeginn 1789). Einen

Insider Tipp

schönen ✹ Panoramablick über den Hafen hat man am Ende der kurzen Stichgasse *Carrer d'Alfons III*.

PLAÇA DE S'ESPLANADA [U A2]

Von der Plaça de S'Esplanada führt der *Carrer de ses Moreres* ostwärts in den alten Teil der Stadt. Hier findet man Boutiquen, Souvenirgeschäfte, Pubs und Restaurants und eine Bronzebüste. Die zeigt einen illustren Maoneser: Dr. Mateu Orfila. Er gilt als Begründer der Lehre von den Giften, der Toxikologie, und wurde im Pariser Institut Pasteur als einer der führenden Wissenschaftler seiner Zeit gefeiert.

Am Ende der Allee zweigt links der *Carrer Bastió* ab, rechts geht es zur *Costa d'en Deia* und zur *Plaça Reial* mit dem Stadttheater, dem *Teatro Principal*. Den Blick geradeaus gerichtet, würde man auf jenes Stadttor sehen, durch das Barbarossa in Maó eindrang, bevor er die Stadt unterwarf, plünderte und über 1000 Einwohner verschleppte. Dramatische Fußnote: Einige wenige Händler sollen dem Piraten die Tore geöffnet haben, um die eigene Habe zu schützen. Von der Plaça Richtung Norden gelangt man zum neuen Busbahnhof der Inselhauptstadt.

SANTA MARIA ★ ⌇ [U B1]

Die Kirche Santa Maria wurde ab 1748 auf den Ruinen eines älteren Gotteshauses errichtet. Eher schlicht und demütig auf den ersten Blick, überzeugt Santa Maria mehr das Ohr als das Auge. In ihrem Inneren verbirgt sich nämlich ein Wunderwerk der Orgelbaukunst. In Auftrag gegeben 1809 bei den Deutsch-Schweizer Orgelbaumeistern Otter & Kyburz, kam das Instrument bereits ein Jahr später auf Menorca an. Mit seinen mehr als 3000 Pfeifen und vier Manualen war es schon bald landesweit bekannt, vor allem für seine Imitation von Menschenstimmen (*im Sommer Mo–Sa 11 Uhr Orgelkonzerte*). Wer die Möglichkeit hat, erfahrene Organisten auf dieser bemerkenswerten Orgel spielen zu hören, sollte die Gelegenheit unbedingt nutzen. Bestaunen kann man das gute Stück an allen Wochentagen (*7.30–13, 18–20.30 Uhr*). *Zwischen Plaça de la Conquesta und Plaça de la Constitució*

Nicht nur musikalisch, sondern auch optisch ein Genuss: die Orgel von Santa Maria

SANT FRANCESC [U A1]

Die Mahoneser nennen diese Kirche auch „die Kathedrale". Für den Bau brauchte man fast ein Jahrhundert (1719–92), was sich in der Mischung der Baustile widerspiegelt. Daneben steht das 1439 gegründete einstige Franziskanerkloster *Sant Francesc*, heute *Museu de Menorca*. Herrschaftliche Häuser säumen den Weg hierher. *Plaça des Monestir*

ESSEN & TRINKEN

ANDAIRA [U A2]

Feine katalanische Küche mit persönlicher Note. Spezialität: Lammbraten oder Ente mit Mangowürfeln. *C/. d'es Forn, 61 | Tel. 971 36 68 17 | €€€*

CASINO MARÍTIMO [U F1–2]

Nicht nur von Skippern empfohlen: mit Traumblick über den Hafen von Maó und Einblick in die Künstlerszene (Ausstellungen). Hier wird eine solide Vier-Jahreszeiten-Küche geboten mit Schwerpunkt Fisch und Mee-

resfrüchte. *Moll de Levant, 287 | Tel. 971 36 49 62 | €€– €€€*

GREGAL [U E1]

Einfach, sauber, korrekt, mit griechischem Besitzer und entsprechendem Einschlag auf der Speisekarte. Die Spezialität ist Fisch. *Moll de Llevant, 306 | Tel. 971 36 66 06 | www.restaurantegregal.com | €€€*

MARIVENT [U E1]

Fischrestaurant mit angenehmer Atmosphäre am Hafen. *Moll de Llevant, 314 | Tel. 971 36 98 01 | €€– €€€*

PIZZERÍA ROMA [U D-E1]

Wahrscheinlich Maós beliebteste Pizzeria; zivile Preise. *Moll de Llevant, 295 | Tel. 971 35 37 77 | €*

LA TROPICAL [U B2]

Menorquinische Küche mit einigen Rücksichtnahmen auf den „europäischen" Geschmack. *C/. Lluna, 36 | Tel. 971 36 05 56 | €– €€*

◼ EINKAUFEN ◼

Der *Carrer Hannóver* [U B2] oder, wie die Menorquiner vorziehen, die *Costa de Sa Plaça*, ist Maós Einkaufsstraße. Bücher, Mode und Souvenirs, Hamburger und Schuhe kann man hier kaufen. Ab und zu bricht eine kleine Bar die Ladenzeilen auf. Mit Palmen bestanden und kopfsteingepflastert bringt auch die *Plaça Colon* Abwechslung. Hier und im *Carrer Nou* trifft man sich, wenn Feste gefeiert werden, oder nur so zum Kaffeetrinken. Ein schöner Markt (u.a. Kunsthandwerk) wird *Di und Sa 9–14 Uhr* an der *Plaça de S'Esplanada* [U A2] abgehalten. Besuchen sollten Sie die lebhafte Markthalle *Mercat del Claustre del Carme* [U C1–2] *(Mo–Sa 8–21 Uhr)*.

S'ALAMBIC [U B1]

Typische Menorca-Souvenirs, zum Kauf angeboten in einem typischen Menorca-Haus: Keramik, Modeschmuck, Kleidung, Leder, Liköre, Wein, Gin, Käse, Honig und vieles mehr. *Moll de Ponent, 36*

DESTILERÍA GIN XORIGUER [U B1]

Hier kann man menorquinischen Gin und Liköre verkosten. *Moll de Ponent, 93*

Insider Tipp ESPIRAL [U A2]

Ausgefallenes Spielzeug aus Holz und Blech, Masken, Kasperlefiguren, Windspiele und viele nette Kleinigkeiten. *Rovellada de Dalt, 48*

ESTRELLA DEL MAR [U D1]

Hier gibt es schöne Dinge, bevorzugt mit Meeresmotiven, preiswerte Geschenkideen. *Moll de Llevant, 189 |* an der Abfahrtsstelle für die Hafenrundfahrten

HERMANOS LORA BUZÓN [U A1]

Hier widmet sich die gesamte Familie der Keramikherstellung, landestypisch, handbemalt, ländliche Motive. Auch ein Blick in die Werkstatt ist möglich. *Moll de Ponent, 8–10*

JAIME MASCARÓ [U A2]

Bekannte Schuhmarke mit ausgefallenen Modellen; auch Gürtel und Taschen sind im Angebot. *C/. Ses Moreres, 29*

EL PALADAR [U A1]

Menorquinische Produkte vom Feinsten: Käse, Schinken, Würste, Pasteten, Weine, Cavas und mehr. Auch in Ciutadella und zum Online-Shoppen: *www.elpaladar.es. Ctra. Maó–Ciutadella | ca. 250m vorm Ortseingang*

PONS QUINTANA [U B–C2]

Kleine Verrücktheiten in Sachen Damenschuhe vom pinkfarbene Pumps bis zum wilden Westernstiefel in Türkis. *C/. S'Arravaleta, 21 | www. ponsquintana.com*

SUCRERÍA CA'N VALLÉS [U B2]

Hier gibt's die wohl besten *ensaïmadas* der Stadt und andere gute, landestypische Teigwaren. *C/. Hannóver, 16*

EL TURRONERO [U B1–2]

Wer essbare Menorca-Andenken sucht, ist hier richtig. Das Angebot umfasst nicht nur Süßigkeiten *(turrones)* und ein ausgezeichnetes Speiseeis eigener Herstellung, sondern auch Käse und Wurstwaren. *C/. Nou, 24*

VIDRIERIA BONAIRE [U B1]

Wer ein Faible für Handegschliffenes aus Glas hat, kommt hier auf seine Kosten: Tierchen, Gläser, Schüsseln, Spiegel, Lampen. *C/. Bonaire, 17*

■ ÜBERNACHTEN ■

CAPRI [U A2]

Drei-Sterne-Hotel im Zentrum, sauber, fast luxuriös; viele Geschäftsleute. 87 Zi. | *C/. Sant Esteve, 8 | Tel. 971 71 71 22 | Fax 971 71 79 77 | www.davimar.com/capri.htm | €€€*

RESIDENCIA JUME [U B2] *Insider Tipp*

Hier kommt man für wenig Geld unter. Bescheidener Komfort, solide Unterkunft, in der viele jüngere Gäste vom spanischen Festland Quartier beziehen. 42 Zi. | *C/. Concepció, 4–6 | Tel. 971 36 32 66 | Fax 971 36 48 78 | €*

PORT MAHÓN ☼ ≋ [0]

Das renommierteste Hotel der Inselhauptstadt, ein Vier-Sterne-Etablisse-

Reiches Angebot im Mercat del Claustre del Carme

ment. Es bietet einen tollen Blick über Sporthafen und Meer. Völlig renoviert und erstklassig ausgestattet. Klimaanlage, Pool, Minibar. *74 Zi. | Fort de l'Eau, 13 | Tel. 971 36 26 00 | Fax 971 35 10 50 | portmahon@sethotels. com | €€€*

■ FREIZEIT & SPORT ■

BOOTSAUSFLÜGE

Die ⭐ *Hafenrundfahrt in Maó* mit Schwerpunkt Port de Maó ist ein Muss für jeden Menorca-Urlauber. Abfahrt im Sommer täglich an der Hafentreppe (unweit des Fährterminals). Die gelben Boote *(Yellow Catamarans | Reservierung: Tel. 639 67 63 51, 971 35 23 07 | www.yellowcatamarans.com)* sind moderner und bequemer als die Boote der Gesellschaft *EI Pirata Azul (Tel. 646 11 47 67 | www.pirataazul.com)* und bieten außerdem Unterwasserfenster und den besseren deutschsprachigen Kommentar.

Ausfahrten mit den *Líneas de la Cruz* führen zu entlegenen Stränden und Badebuchten, die oft sonst kaum erreichbar sind. Die Schifffahrtslinie befährt mit dem Glasbodenboot „Don Joan" die Küste. Halbtagestouren starten von Maó aus in den Nordosten über Sa Mesquida zur Illa d'en Colom und zum Naturschutzpark Es Grau sowie in den Süden über Punta Prima und Binibèquer bis Canutells, im Sommer mit Badepausen. *Im Sommer tgl. 10 und 14.30 Uhr, Rückkehr ca. 13 bzw. 17.30 Uhr | Kartenvorverkauf: 971 35 07 78*

SEGELN

Bei drei Unternehmen kann man in Maó Segeltörns buchen und Boote leihen: *Menorca Náutica | Moll de Llevant,, 163 | Tel. 971 35 45 43 | Fax 971 35 32 26 | www.menorcanautic. com; Blue Mediterraneum | Moll de Llevant, s/n | Tel. 609 30 52 14; Menorca Cruising School | C./ Sant*

▶ BÜCHER & FILME
Zur Einstimmung und Nachbereitung

▶ **Balearen in Wort und Bild** – Das 1897 erstmals erschienene Werk des Erzherzogs Ludwig Salvator (neu aufgelegt 2002) zeichnet ein beeindruckendes Bild der Inseln um die vorletzte Jahrhundertwende.

▶ **Geschichten von Menorca, über Menschen und Meer** – Schöne Märchen und Erzählungen, die der auf der Insel lebende Autor Lothar Papst selbst illustriert hat.

▶ **Ciutadella de Menorca** – Bildbände gibt es viele, jedoch nur wenige in Deutsch. Eine Ausnahme ist dieser

gelungene Band mit Texten von Florit Nín und Fotos von Lluís Beltran.

▶ **Habe Mohn gesucht** – Der Schweizer Holzschnitzer und Maler Hansueli Holzer hat seine Inseleindrücke in eindringlichen Bildern auch filmisch festgehalten. Bezug über den Künstler: *Tel. 052/743 14 77 | Fax 743 14 21 | holzer.ramsen@dplanet.ch*

▶ **Menorca** – Aktuelle Menorca-Ansichten *(60 Min. | 2006)* bietet diese DVD aus dem Komplett Media Verlag *(www.digitalvd.de/anbieter/Komplett+Media.html).*

Antoni, 48 | Sant Lluis | Tel. 971 35 41 03 | www.menorcasailing.co.uk (auch Segelunterricht)

TENNIS

Tenis Mahón (Tennisplatz, Flutlicht), C/. Trepucó, 4 | Tel. 971 36 05 76

■ AM ABEND

Action für junge Leute bietet der westliche Hafenbereich um die *Moll de Ponent*. Hier sind viele Bars, Cafés und Hafenkneipen auf Nachtschwärmer eingestellt. In Mode sind bei den Einheimischen das gemütliche *Baixamar* und der ▶▶ Jazz Dance Club *Akelarre* mit Cocktails und trendiger Klientel *(Do oft Liveauftritte | Moll de Ponent, 42)*. Für die ganz Jungen gruppieren sich an der Costa des General das *Icaro*, das *Berri*, die *Tse Tse Bar* und die *Terminal Bar*.

Das östliche Hafenviertel um die *Moll de Llevant* gibt sich gesetzter und internationaler. Hier kann man auf der Terrasse des *Cappuccino* einen *cortado* trinken oder einen Longdrink im *Oh-la-la* oder im *Café Alba* nehmen. Yachtbesitzer und Hauptstädter trinken gern ein Glas im *Latitud 40*. Wer mehr Musik sucht, ist mit dem *Nashville* gut beraten: Das Bierlokal bietet Livemusik, deutsches Bier, mexikanische Küche bis spät in die Nacht. Ruhiger ist die *Bar Nou* mit Billardtisch *(C/. Nou, 1 | 1. Stock)*. Noch ein Tipp für Nachtschwärmer: kubanische Musik wird im **Salsa** *(Moll de Ponent, 29)* gespielt. Für ein gemütliches Tête-à-tête ist das *Ars Café* ein hübsches Lokal *(Pl. Princep, 12 A)*. Stets gut besucht ist das *Café Mirador (Pl. d'Espanya, 2)* mit ❋ schönem Hafenblick von der Terrasse.

■ AUSKUNFT

OFICINA D'INFORMACIÓ TURÍSTICA [U A2]
Estación Central de Autobuses | Av. J. Anselmo Clavé/Pl. Explanada | Tel. 971 36 37 90 | Tel. 971 36 74 15 |

Moll de Ponent, die westlichen Mole

infomenorcamao@cime.es | Moll de Llevant, 2 | Tel. 971 35 59 52 | Fax 971 35 26 74 | infomenorcaport@cime.es | im Sommer

■ BUSSE

Mehrmals täglich nach Ciutadella *(Busbahnhof Pl. de S'Esplanada)*; Auskunft: *Tel. 971 36 04 75* (auf Spanisch) oder bei der Tourismusinformation. Weitere regelmäßige Verbindungen von Maó nach Es Castell, Sant Lluís, Es Migjorn Gran und Sant Tomàs, Ferreries und Cala Galdana,

Sant Climent und Cala En Porter, nach Alaior und Son Bou, Fornells und Arenal d'en Castell.

■ ZIELE IN DER UMGEBUNG ■

ILLA DEL REI [121 E4]

Gouverneur Kane gab die gewaltige Krankenhausanlage in Auftrag, die bis heute einen Großteil der kleinen Insel in der Hafenbucht von Maó bedeckt. Seit seiner Errichtung im 18. Jh. bis in die 50er-Jahre des 20. Jhs. diente der nahezu unverändert gebliebene Bau als Krankenhaus. Düstere Geschichten ranken sich um die Insel, die englische Seeleute schon vor über 200 Jahren *Bloody Island* („Blutige Insel") tauften – chirurgische Abfälle sollen seinerzeit direkt im Meer gelandet sein. 1986 schrieb der Stadtrat von Maó das Gebäude für die Einrichtung einer öffentlichen Institution aus. Von einem Genforschungszentrum war die Rede, von einem Museum, Elton John wollte dort seinen Wohnsitz nehmen, die Elektrizitätswerke der Balearen eine Forschungsanlage, Spekulanten ein Hotel unterbringen. Bis heute steht das Gebäude leer. Auch die Reste einer frühchristlichen Basilika sind auf der Illa del Rei zu finden, deren Hauptattraktion, ein relativ gut erhaltenes Mosaik, allerdings im *Museo de Menorca* in Maó ausgestellt ist.

SA MESQUIDA [121 E3]

Bucht und Fischerdorf behalten sich vor allem die Menorquiner selbst vor. Hier badet der Maoneser, hier sonnt sich die Maoneserin. Die rund 700 m lange Küstenlinie wird durch eine Landzunge zweigeteilt. Der größere Strand ist rund 300 m lang, jedoch nicht unbedingt für Kinder geeignet, da der Grund schnell abfällt. Von Sa Mesquida ging übrigens 1781 die französisch-spanische Rückeroberung aus, Grund genug für die Eng-

Keine Angst, die Steinbauten des Talatí de Dalt sind nicht einsturzgefährdet

länder, die Bucht mit einer eigenen Befestigung (1798) zu sichern. Ein Restauranttipp: *Cap Roig (Tel. 971 18 83 83 | nur im Sommer | €€)*, gemütliche Terrasse mit Meerblick.

TALAIOT DE TREPUCÓ [121 E4]

Die 2 km südlich von Maó gelegene prähistorische Siedlung wird oft als die Anlage mit dem spektakulärsten Heiligtum, der *taula* (über 4,20 m Höhe), und mit dem größten *talaiot*-Bau (40 m Durchmesser) der Balearen beschrieben. Sechs weitere Steintürme, von denen antike Chroniken berichten, sind heute verschwunden; vielleicht dienten sie als Baumaterial für die Barrikaden und Rampen, die der französische Gouverneur 1781 errichten ließ, um von hier aus die Festung Sant Felip beschießen zu können.

TALATÍ DE DALT [121 D4]

Diese gut erhaltene und restaurierte antike Siedlung war bis in die Zeit der römischen Besatzung bewohnt. Augenfällig die Steinstütze, die den gewaltigen Schlussstein der *taula* abfängt. Die Zufahrt ist ausgeschildert (Landstraße Maó-Ciutadella, km 4). Eintritt 3,50 Euro | *www.menorca web.net/talati/deut*

SANT CLIMENT

[120–121 C-D4] Vorzugsweise den Maoneser Mittelstand zieht es neuerdings hierher, wo er sich, keine 10 km von der Inselhauptstadt entfernt, schon auf dem Lande fühlen kann. Ansehen sollte man die *Basilica des Fornas de Torelló* mit einem Mosaik aus dem 6. Jh. und den *Talaiot de Torelló* (beide links der Landstraße Sant Climent–Maó, kurz vor der Abfahrt Flughafen/Aeroport). Unweit davon fällt das Landgut *Curnia* mit Jugendstilelementen auf; es soll von einem Gaudí-Schüler geplant worden sein. Hinter dem Hauptgebäude liegt ein weiterer *talaiot (Talaiot de Curnia | km 2,8)*.

■ ESSEN & TRINKEN
ES MOLÍ DE FOC

Gute internationale Küche mit französischen Nuancen in einer alten, gut restaurierten Mühle; angenehme Atmosphäre, nicht billig. *C/. Sant Llorenç, 65 | Tel. 971 15 32 22 | €€*

■ EINKAUFEN

Lebensmittel-, Haushaltswarengeschäfte, Bäckereien und Supermärkte findet man an der Durchgangsstraße Sant Jaume, die guten Hausmacher-Käse *(Quesos de Sant Climent)* von Bernardo Pons in der Carrer Sant Llorenç.

■ AM ABEND
RESTAURANTE CASINO SAN CLEMENTE

Insider Tipp

Hier kann man in gut britischer Atmosphäre gemütlich zu Abend essen; im Sommer Di ab 20.30 Uhr ▶▶ Jazz-Sessions. *C/. Sant Jaume, 4 | Tel. 971 15 34 18 | www.casinosantcli ment.com | €€€*

■ ZIELE IN DER UMGEBUNG
CALA EN PORTER [120 B4]

Links (von der Seeseite aus gesehen) ist alles noch Natur, während sich rechts heute eine Feriensiedlung den Hang hinaufgräbt. Der Strand am Ende der Bucht ist an die 400 m breit, feinsandig und fällt seicht ins Meer ab – ideal also für die ganze Familie. Das hat sich allerdings bereits herumgesprochen.

Zu empfehlen ist das landeinwärts gelegene *Hostal Sa Païssa* (Sonnenterrasse, Pool, hauptsächlich englisches Publikum; *27 Zi.* | *Via Principal* | *Tel. 971 37 73 89* | *kein Fax* | *www.sapaissa.com* | *€*). Ein Einkaufstipp für Keramik und Modeschmuck: *Andreu's (C/. Xaloc* | *Edifici Mediterrani* | *Local 2)*.

Eine Attraktion ersten Ranges ist die Diskothek ❄ *Cova d'en Xoroi*. Lage, Sicht und Atmosphäre sind einzigartig. Auf halber Höhe zwischen Meer und Himmel, im Steilhang der Küstenfelsen gelegen, gestattet sie einen atemberaubenden Ausblick auf den Horizont und die Wellen. Ein internationales Publikum tummelt sich hier und genießt die vielfältigen Hall- und sonstigen Effekte einer großen Naturgrotte. Kein Wunder, dass sich Legenden um diesen Ort gebildet haben. So soll sie dem maurischen Piraten Xoroi („der Einohrige"), den seine Mannschaft an der Küste Menorcas ausgesetzt hatte, als Stützpunkt gedient haben. Unter den Bauern sprach sich herum, dass sich irgendwo ein Bandit versteckt hielt; mal fehlten Hühner, mal ein Schwein, und irgendwann war auch eine schöne junge Bäuerin verschwunden. Die Bauern entdeckten den Zufluchtsort des Diebes erst, als Jahre später in einer Winternacht ein bisschen Schnee auf die Felder gefallen war und Spuren direkt zu der Höhle führten. Bewaffnet stürmten die Bauern die Höhle des Piraten, der sich ins Meer stürzte. Die junge Frau fanden sie bei bester Gesundheit mit drei Kindern vor, die später den Familiennamen Mercadal annahmen und sich in der Inselmitte niederließen. Der Pirat Xoroi ward nie wieder gesehen. Sein Mut, seine Freiheitsliebe, seine Tapferkeit wurden indes noch Jahrhunderte später lobend besungen.

CALES COVES ⭐ [120 B4]

Wo vor 3000 Jahren die Ureinwohner ihre Toten beisetzten, lebte bis Mitte der 1990er-Jahre ein Clan von späten Hippies. Die in die Jahre gekommenen Blumenkinder wurden im Sommer 1995 mit Polizeigewalt vertrieben. Der Ortsname („Höhlenbuchten") steht übrigens im Plural, weil sich die Bucht in zwei Geländeeinschnitte aufspaltet, von denen der eine eine Süßwasserquelle aufweist; beide sind tief in das graubraune Gestein gegraben. Das Wasser der Bucht ist ob des guten Windschutzes oft spiegelglatt und dazu kristallklar, die Anfahrt über einen Schotterweg allerdings sehr holprig.

Die insgesamt etwa 100 Höhlen haben eine vielschichtige Vergangenheit. Die ältesten stammen aus dem 11. Jh. v. Chr. und dienten als Begräbnisstätten. Bis ins 4. Jh. v. Chr. grub man größere Höhlen in das Kalkgestein, oft mit zentraler Stützsäule, mit Bänken und Nischen, die ebenfalls als Begräbnisstätten verwendet wurden. Auch römische Spuren sind gefunden worden. Einige der Höhlen dienten Kultzwecken, und immer wieder nutzten Seefahrer – auch Freibeuter – und Fischer die windgeschützte Bucht als Unterschlupf bei rauer See. Noch bis vor kurzem gebrauchten die Bauern manche der Höhlen als Viehställe.

Disko mit phantastischem Meerblick: Cova d'en Xoroi

ES CANUTELLS [120 C5]

Für die Bewohner von Sant Climent ist die Bucht der „Hafen" ihres Ortes. Besondere Merkmale sind die in den Fels gegrabenen Bootsschuppen und der kleine Strand, der über eine verwitterte Treppe zugänglich ist. In den letzten Jahren hat sich oberhalb der Bucht eine Siedlung weit ins Landesinnere vorgeschoben; nur der westliche Rand der Bucht blieb bisher weitgehend verschont. An der Verbindungsstraße von Sant Climent nach Sant Lluís kann man noch ein schönes Beispiel menorquinischer Mischarchitektur bewundern: Der Herrensitz *Casat de Formet (Forma Vell)* aus dem 19. Jh. beeindruckt durch seine rote Fassade und den terrassenförmig angelegten Park mit Wasserspielen und Springbrunnen.

SANT LLUÍS

[121 D-E5] Das Städtchen wirkt immer frisch gestrichen und wie aus dem Ei gepellt. Der Grundton Weiß dominiert, die Häuser sind durchweg flach, die engen Straßen ruhig; nur ein paar Kinder spielen in der pinienbestandenen Parkanlage am Ortseingang, im Schatten des großen Windmühlenrads. Die restaurierte Mühle enthält eine bescheidene volkskundliche Ausstellung *(Mo–Sa 10 bis 13 Uhr, besser vorher anrufen | Tel. 971 15 09 50).* Die Ortschaft zählt ca. 4700 Einwohner. Viele von ihnen sind Stadtflüchtlinge aus Maó. Auch eine wachsende Gemeinde ausländischer Bewohner hat sich in Sant Lluís angesiedelt, das französische Wurzeln hat. Graf Lannion, Gouverneur unter französischer Flagge, gründete den Ort bei einer Stippvisite auf der Insel im 18. Jh. mit Zeichenstift und Lineal. Das Ortsbild ist entsprechend geometrisch. Die Kirche, die dem Ort den Namen gab, wurde dem französischen König Ludwig dem Heiligen geweiht, jedoch erst unter britischer Herrschaft fertig gestellt.

SANT LLUÍS

ESSEN & TRINKEN

LA CARABA
Eigenwillige, aber leckere Speisen, zubereitet nach traditionellen Rezepten und raffiniert verfeinert. *Nur abends | C/. S'Uestrà, 78 | Tel. 971 15 06 82 | €€*

PAN Y VINO
Auch eigenwillig, aber nicht ohne: die kreativen Mahlzeiten in diesem über 200 Jahre alten Landhaus werden gelegentlich von Jazzklängen live untermalt. Es gibt auch vegetarische Gerichte. *Torret, 52 | Tel. 971 15 03 22 | €€*

LA RUEDA
(Insider Tipp)
Zwar handelt es sich nur um eine Bar, doch serviert man hier inselweit bekannte *tapas. Di geschl. | C/. Sant Lluis, 30*

ÜBERNACHTEN

LANDHOTEL BINISSAFULLET
Typisches menorquinisches Landhotel mit vielen Möglichkeiten für Aktivitäten – von Radfahren über Wassersport bis Tai-Chi. Pool, Garten. *8 Zi. | ganzjährig geöffnet | Ctra. Binissafuller, 64 | Tel. 971 15 66 33 | Fax 971 15 66 46 | www.binissafullet. com | €€–€€€*

HOTEL SON TRETZE
Das kleinste Hotel Menorcas entstand aus einem ehemaligen Wohnhaus mit 8 Zimmern und ist sehr familiär. Jedes Zimmer ist ein echtes Unikum; schöne Terrassen, Garten und Pool. *Ganzjährig geöffnet | Cami de Binifadet, 20 | am Ortseingang | Tel. 971 15 09 43 | www.amaca.com/sontretze/index.htm | €€*

AM ABEND
Einen Drink in netter Atmosphäre nimmt man auf der Terrasse der *Villa Madrid (C/. S'Uestra, 46)*. Livemusik gibt es manchmal in der *Bar Paupa (Cala Torret)*, einem Tauchertreff. Die jungen Leute aus dem Ort treffen sich in der Bodega *Sant Lluis (Sant Lluis, 76)* am Kirchplatz.

AUSKUNFT
Rathaus | Tel. 971 15 09 50

ZIELE IN DER UMGEBUNG

S'ALGAR
[121 E5]
Hier wird geurlaubt. Für fast alle Sportarten rund ums feuchte Element bietet das Wassersportzentrum *Club S'Algar* Umsetzungsmöglichkeiten: Tauchen, Windsurfen, Segeln, Wasserski, Wasserbob, Wassersegeln (mit dem Gleitschirm) usw. Hier können auch Tauchausrüstungen und Segelboote geliehen sowie Segel- bzw. Tauchscheine gemacht werden *(Club S'Algar Diving | Passeig Marítim | Tel. 971 15 06 01 | www.salgardiving.com)*. Wer nur Ruhe und Natur sucht, der umrundet zu Fuß in 15–30 m Höhe die *Cala Rafalet* bis zu ihrer Nordflanke.

BINIBÈQUER VELL ⭐
[121 D5–6]
Die Touristenattraktion Nummer eins an der Südostküste Menorcas erinnert an einen Termitenbau. Zwar sind die Strukturen des „typischen Fischerdorfs" neueren Ursprungs, die verschachtelten Gänge, Tunnel, Abzweigungen und Nischen sollen in ähnlicher Form jedoch schon von fischenden Vorfahren ersonnen worden sein. Besonders kurz vor Beginn der Saison glänzt die gesamte Siedlung in

tadellosem Weiß, die Natursteinböden sind geputzt, Souvenirläden und Bars hängen die ersten Angebote ins Fenster. Zur Hauptsaison wird es dann allerdings eng in den schmalen Gässchen und Winkeln. Tapas, frischen Fisch und ausgezeichneten *Choclate Cake* gibt es im *Club*

cher an der Einfahrt der Cala sorgt für ruhige See. Hoteltipp: das am Rand der Feriensiedlung gelegene *Xuroy*. Das Strandhotel genügt allen Ansprüchen und bietet Ferien fernab vom Rummel. *87 Zi. | Cala d'Alcalfar | Tel. 971 15 18 20 | Fax 971 15 65 24 | www.xuroymenorca.com | €*

Traumkulisse in strahlendem Weiß: Binibèquer Vell

Náutico (Nähe Hotel Eden, direkt am Meer | €€); lockere Atmosphäre und ein super Sonnenuntergang.

CALA D'ALCALFAR [121 E5]
So haben alle Fischerorte der Insel einmal ausgesehen, bevor sie sich in Feriensiedlungen verwandelten. Cala d'Alcalfar ist eine schlichte, hauptsächlich von Menorquinern bewohnte Siedlung mit weißen Bootsschuppen am Meer. Ein natürlicher Wellenbre-

PUNTA PRIMA [121 E6]
Punta Prima hat einen breiten Strand aus feinem, weißem Sand, der sanft ins Meer abfällt, und ist entsprechend gut besucht. Vor der Küste erstreckt sich die *Illa de l'Aire*, eine kleine Insel mit Leuchtturm. Am Westrand des Strandes erhebt sich auf der Anhöhe ein Verteidigungsturm aus dem 18. Jh., der heute als Jugendherberge dient *(Oficina de Información juvenil | Maó | Tel. 971 36 45 34).*

> RAUER, GRÜNER NORDEN

Wo der Wind die Gestalt der Erde und das Wesen des Menschen formt

> „Die Tramuntana ruht nicht und verzeiht nicht", sagt ein menorquinisches Sprichwort, und angesichts der skurrilen Formen der Küstenfelsen, die Sturm und Gischt in Jahrtausenden in den Stein gefressen haben, und der verwachsenen Pinien, die sich vor den strengen Nordwinden beugen, glaubt man das sofort. Es erklärt auch, weshalb Hunderte von Galeonen und Fischerbooten im Lauf der Geschichte an der rauen Küste zwischen Punta Nati und Cap

de Favàritx gesunken sind, warum die Menschen an der Nordküste von eher stillem, in sich gekehrtem Wesen sind. Denn die *tramuntana* formt nicht nur Fels und Holz, sondern auch ihre Bewohner. So werden diesem bisweilen steifen Nordwind seit je psychische Einflüsse zugeschrieben; neuerdings weisen medizinische Statistiken Zusammenhänge zwischen dem Wind und einer Neigung zu Depressionen nach. Nichtsdestoweni-

Bild: Leuchtturm am Cap de Favàritx

TRAMUNTANA

ger liegen einige der schönsten und stillsten Naturstrände Menorcas innerhalb des Gebietes: Cala Tirant, Port d'Addaia, Arenal de Son Saura, Cala Pregonda, Na Macaret …

FORNELLS

[118 B2] ⭐ **Hier genießt selbst die spanische Königsfamilie bisweilen eine Caldereta, die in Fornells besonders gut zubereitet wird. Auch der Rahmen stimmt:** eine stille, liebliche Lagune an der sonst rauen Nordküste mit dem alten Fischerhafen, dessen Bewohner von jeher den Ruf der besten Langustenfischer im westlichen Mittelmeer besitzen. „Beste" bezieht sich dabei nicht nur auf das Fangvolumen – die edlen Meeresfrüchte werden täglich in allen Lokalen des Ortes gegrillt und in den Tontopf geworfen –, sondern auch auf den schonenden Umgang mit der *langosta*, denn die Fangzeit ist auf

April bis August beschränkt. Fornells (1000 Ew.) vereint die Eleganz von Mercedes- und BMW-Limousinen mit der Schlichtheit der Bewohner. Aber noch eine dritte Komponente prägt den Ort: In den 1960er-Jahren hörigen Pfarrer an. Die Festung und die Kirche hielten dem Zahn der Zeit nicht stand – das heutige Gotteshaus ist weit jünger (18. Jh.). Jeden Sommer von Ende Juli bis Ende August begeistert hier die Konzertreihe

Gutes Revier für Einsteiger: Surfschule in Fornells

siedelte sich der norwegische Künstler Arnulf Björndal in Fornells an und eröffnete im Ortszentrum die erste Kunstgalerie der Insel (heute geschlossen). Vor allem skandinavische und spanische Maler zogen nach und erzeugten einen fruchtbaren „Kurzschluss der Kulturen".

Fornells selbst stammt aus dem 17. Jh.: Als König Philipp IV. 1625 am Eingang der Bucht eine kleine Feste errichten ließ, siedelten sich in der Nachbarschaft bald eine Reihe von Fischerfamilien nebst dem dazugehörigen

„Nächte der klassischen Musik" *(Nits de la Música clássica).*

■ ESSEN & TRINKEN

ES CRANC
Gute, aber teure Adresse für Fischgenießer. *C/. Escoles, 31 | Tel. 971 37 64 42 |* €€–€€€

ES PLA
Hier werden dem Menorca-Gourmet die Augen feucht. Beim Blick über die stille Lagune serviert man eine der besten *calderetas* der Insel. Andere

Gerichte sind allerdings häufig zu sehr dem internationalen (Einheits-) Geschmack angepasst worden. Im Sommer ist der Anteil menorquinischer Feriengäste besonders hoch. Mittags bietet das Restaurant ein relativ preiswertes Menü. *C/. G. Riera, 5 | Tel. 971 37 64 03 | €€– €€€*

■ ÜBERNACHTEN

S'ALGARET

Komfortable Pension mit Klimaanlage mitten im Ort; alle 23 Zimmer mit Balkon und Telefon. *Pl. de S'Algaret, 7 | Tel. 971 37 65 52 | www. hostal-salgaret.com | €€– €€€*

LA PALMA

Insider Tipp

Einfache Unterkunft, angeschlossen an eine Fischerkneipe; wer günstige Preise und eine lebensnahe Atmosphäre zu schätzen weiß, liegt hier richtig. *23 Zi. | Pl. de S'Algaret, 3 | Tel./Fax 971 37 66 34 | www.hostalla palma.com | €– €€*

■ FREIZEIT & SPORT

Obwohl Fornells offiziell nicht als Yachthafen gilt, gibt es doch einige Liegeplätze und Wasser, Strom und Duschen sind auch vorhanden. Auskunft: *Tel. 971 37 66 04*

CAREMA CLUB PLAYAS

Nicht direkt in Fornells, sondern auf der westlichen Seite der *Punta Mala*, an der *Cala Tirant*, bietet dieses Aparthotel mit Sportzentrum eine Vielzahl von Sportmöglichkeiten nicht nur für Hotelgäste: Segelboote, Fahrräder, Tennis, Sauna, Yacuzzi. Spezialitätenrestaurant *Thai Country (Tel. 971 37 68 60 | €€€)*. *Urbanización Playas de Fornells (Cala Tirant) | Tel. 971 15 42 18 | Fax 971 37 65 47 | www.caremaclubplaya.com*

DIVING CENTER FORNELLS

Organisiert interessante Tauchgänge an der Nordküste. *Passeig Marítim, 44B | Tel. 971 37 64 31 | Handy 61 9 41 41 51 | www.divingfornells.com*

SERVINÀUTIC MENORCA

Motor- und Segelbootverleih, Wasserski; auch Kurse zum Erwerb von Segelscheinen. *C/. Major, 27 | Tel. 971 37 66 36, 629 27 32 09*

WINDSURF FORNELLS

Segeln und surfen lernt man hier bei geschultem Personal; später kann man auch Surfbretter, kleine Jollen und Katamarane leihen. *Am Hafen | Tel. 971 18 81 50*

MARCO POLO HIGHLIGHTS

★ **Fornells**
Der Charme des alten Fischerhafens an lieblicher Lagune kontrastiert mit der sonst rauen Nordküste (Seite 51)

★ **S'Albufera d'Es Grau**
Über 90 Vogelarten brüten oder rasten in diesem zweitgrößten Feuchtgebiet der Balearen (Seite 54)

★ **Cap de Favàritx**
Wer stille und manchmal auch wilde Natur sucht, wird an diesem Küstenabschnitt fündig (Seite 55)

★ **Monte Toro**
Herrlicher Blick von der höchsten Erhebung der Insel mit Mittagessen im Klosterrestaurant (Seite 57)

FORNELLS

AUSKUNFT

OFICINA D'INFORMACIÓ TURÍSTICA
C/. Major, 57 | Tel. 971 15 84 30 | infomenorcafornells@cime.es | nur im Sommer

AM ABEND

Betuchtere Menorca-Gäste schätzen den abendlichen Gang über die Hafenstraße; meist ist der Tisch in einem der Restaurants bereits reserviert. Juli/August Klassikkonzerte in der Kirche Sant Antoni *(Do abends)*.

BAR SA TAULA
Chill-out mit Meerblick und Cocktailglas. Sonnenuntergangs-Ambiente vom Feinsten. *Carrer Major, 1*

ZIELE IN DER UMGEBUNG

S'ALBUFERA D'ES GRAU ⭐ [119 D–E5]
In der Begründung für die Schaffung der *Reserva de la Biosfera* wird das zweitgrößte Feuchtgebiet der Balearen – das größte ist die Albufera Gran auf Mallorca – als Herzstück beschrieben. 1995 löste die Inselregierung ihr Versprechen ein, das 1790 ha umfassende Gebiet zum Naturpark zu erklären. Tatsächlich ist die Albufera d'Es Graunur knapp dem „Tod durch Besiedlung" entgangen. Anfang der 70er-Jahre entstand an den Ostufern der Lagune die Feriensiedlung mit Golfplatz *Shangri-La*. Erst massive Proteste der Bevölkerung brachten das bereits im Bau befindliche Projekt zum Stillstand.

Heute brüten oder rasten am Rand der seichten Gewässer über 90 Vogelarten, darunter Fischadler, Kormorane und Fischreiher. Die 67 ha große Salzwasserlagune selbst ist bevölkert von Aalen und Wasserschildkröten. Zu den Schutzmaßnahmen in der Albufera gehören ein Fahrverbot, ein striktes Campingverbot (auch für Wohnmobile), ein Verbot, Feuer zu machen, und ein Verbot für jeglichen Wasser- und Motorsport. Wanderungen innerhalb des Gebietes sind jedoch erlaubt. Am Ortseingang von *Es*

Noch fast unberührte Natur gibt es im Naturpark S'Albufera d'Es Grau

Grau informiert ein Häuschen mit Plänen über das Gebiet; dort starten auch geführte Wanderungen. 2003 wurde der Naturpark auf 3440 ha Landfläche erweitert. Ein größeres Infozentrum hat man ebenfalls eingerichtet. *Südöstlich von Fornells | Anfahrt über die Me-9*

CALA BINIMEL.LÀ [117 F2]

Diese Bucht ist nicht so still wie die über einen Küstenpfad zu erreichende Nachbarbucht *Cala Pregonda*, aber mit ihrem roten, etwas gröberen Sand und einer kleinen Süßwasserquelle dennoch attraktiv; es gibt auch ein Bar-Restaurant.

CALA TIRANT [118 A-B2]

Noch vor dem Ortseingang nach Fornells zweigt links die Zufahrt zu einer Feriensiedlung ab, die sich in den bisweilen recht steilen Hang der Cala Tirant gefressen hat. Der Strand ist zwar weitläufig, aber oft von angeschwemmtem Seegras bedeckt.

CALA DE SA TORRETA [119 D-E4]

Die Cala 3 km nördlich von Es Grau ist schlecht zugänglich und deshalb wenig besucht. Ihren Namen verdankt sie einem alten Wachturm. Kleiner Sandstrand und ✹ schöner Blick auf die *Illa d'en Colom*.

CAP DE CAVALLERIA ✹ [118 A1]

Der Blick vom blendend weißen Leuchtturm, der sich auf diesem Nordkap erhebt, ist einfach traumhaft. Die neu asphaltierte Straße ermöglicht jetzt die Zufahrt, und unterwegs trifft man auf wilde Ziegen und wunderschöne Strände. Im Landgut Santa Teresa lädt das *Ecomuseu de Cap de Cavalleria* mit Exponaten zur römischen Siedlungsgeschichte zu einem Besuch *(tgl. 10–19, Juli, Sept. bis 20.15, Aug. bis 20.30 Uhr | Eintritt 3 Euro)*. Einen interessanten ersten Einblick gestattet die Website des Museums: *www.ecomuseodeca valleria.com/en*. Wer Zeit hat, kann sich auch als Freiwilliger an Ausgrabungen beteiligen: *Tel. 971 359999. Museum: April–Juni, Okt., tgl. 10–19, Juli, Sept. 10–20, Aug. 10–20.30 Uhr | Predi de Santa Teresa | Cap de Cavalleria*

Zwischen *Cala Tirant* und *Cala Binimel.là* liegen die *Cases de la Cavalleria* („Kavalleriehäuser"), an die ein alter Wehrturm angeschlossen ist. Dort sollen im 16. Jh. zwei Bäuerinnen den einfallenden türkischen Seeräubern so lange getrotzt haben, bis Verstärkung kam.

CAP DE FAVÀRITX ⭐ ✹ [119 E3]

Leuchtturm, bizarre Steinformationen in schwarzem Schiefer und große Abgeschiedenheit charakterisieren dieses Kap, das großartige Ausblicke gestattet.

COVA POLIDA [118 C2]

Die Höhle ist nur vom Wasser aus und nur bei ruhiger See zugänglich, aber reich an Tropfsteingebilden.

ES GRAU [119 E5]

Der kleine Fischerhafen 32 km südöstlich von Fornells wird mehr und mehr zum Ausflugsziel der Menorquiner. Besonders am Wochenende bevölkern sich Gassen und Hafenbars. Feiner grauer Sand, das sanfte Gefälle, der Wind- und Wellenschutz durch die Insel Colom und die fast

ES MERCADAL

perfekte halbrunde Form kennzeichnen den Strand Platja d'Es Grau. Im Sommer wird die Bucht allerdings stark von Sportbooten frequentiert.

Fast alle Häuser sind weiß gestrichen, die Straßen zumeist weit und freundlich. Der Ort (3200 Ew.) klingt Menorquinern aber vor allem als kulina-

Einen hübschen Innenhof hat das alte Kloster auf dem Monte Toro

ILLA D'EN COLOM [119 E4]
Im Sommer überbrückt ein Ausflugsboot *(Abfahrt im Hafen von Es Grau vor der Bar Can Andrés | viermal tgl.)* die 500 m Entfernung. Auf der unwegsamen Insel laden zwei Sandstrände zum Bad. Unter Gestrüpp ruhen die Überreste eines Quarantänelazaretts der Engländer, eine Basilika wartet auf ihre Ausgrabung.

ES MERCADAL
[118 A3–4] Auffällig, besonders gegenüber den dunklen Rosttönen in der Nachbarortschaft Ferreries, ist die Vorliebe der Mercadalenser für helle, lichte Farben.

rische Verheißung angenehm im Ohr. In den gewaltigen Restaurants werden bevorzugt Erstkommunionen, Hochzeiten und andere Familienfeste begangen. Es Mercadal ist ferner für die Herstellung von Backwaren bekannt. Aber auch Schuhe werden hier gefertigt, und zwar die für Menorca typischen *avarques*, eine Fußbekleidung mit Autoreifensohle und Oberteil aus kaum behandeltem Rohleder.

■ ESSEN & TRINKEN ■
MOLÍ DES RACÓ
Trotz einfacher Ausstattung ein guter Tipp für alle, die authentische Menorca-Küche genießen wollen, und

das in einer schönen, 300 Jahre alten Mühle; sympathisches, familiäres Ambiente. *Ctra. General, s/n | Tel. 971 37 53 92 | www.restaurantemoli desraco.com | €€*

EINKAUFEN

Der Markt findet *So 11–14 Uhr (C/. Verge del Monte Toro)* statt. Jeden Donnerstag *(19–22, im Winter 18.30 bis 21.30 Uhr)* sind auf der Plaça del Pare Camps die Kunsthandwerker auf dem *Mercat Artesanal* anzutreffen. Angeboten werden alle Arten von Korb- und Glaswaren, Schmuck und Keramik, aber auch regionale Lebensmittel. Eine Folkloregruppe spielt zum Tanz.

Die avarques-Werkstatt *(taller)* findet man im *Carrer Metges Camps, 3 (Taller Gabriel Servera)*. Ein auf den ganzen Balearen bekannter Zuckerbäcker *(Cas Sucrer | Sa Plaça)* stellt *turrón* (das kann Marzipan, Erdnussmasse, türkischer Honig oder Schokolade sein) und *amargos* (Mandelmasse) in hervorragender Qualität her.

ÜBERNACHTEN

JENI

Weniger für einen Daueraufenthalt als für eine Stippvisite im Raum Es Mercadal geeignet ist diese Pension im Ortszentrum. Einfache, aber saubere Zimmer; im Garten gibt es einen kleinen Pool, und die Küche wird nicht nur von Hausgästen geschätzt. *36 Zi. | Mirada del Toro, 81 | Tel. 971 37 50 59 | Fax 971 37 51 14 | www.hostaljeni.com | €€*

AUSKUNFT

Rathaus | Tel. 971 37 50 02

ZIEL IN DER UMGEBUNG

MONTE TORO ★ ☀ [118 B4]

Wie ein Igel mit Antennen und Spitzen besetzt, buckelt der Monte Toro *(El Toro)* seine 357 m aus der sonst nur leicht hügeligen Landschaft. Die höchste Erhebung der Insel bietet nicht nur einen phantastischen Panoramablick über die Tramuntana im Norden und den Migjorn im Süden sowie den Fischern auf See einen wichtigen Orientierungspunkt, sondern beschert auch weiten Teilen Menorcas einen guten Rundfunk- und Fernsehempfang. Am östlichen Ortseingang von Es Mercadal zweigt eine bequeme Zugangsstraße zum Monte Toro ab. Zum „Berg" *(Monte)*. wie ihn die Menorquiner kurz und familiär bezeichnen, pilgern heute vor allem Urlauber. Die Kapelle *Mare de Deu del Toro* (17. Jh.) duckt sich im Schatten der Sendemasten. Von hier aus segnet der Bischof jeden Mai die ganze Insel. Die Madonna ist die Schutzpatronin Menorcas. In einem Gewölbe neben der Marienkapelle verkaufen die Franziskanernonnen religiöse Souvenirs, Bücher und Postkarten. Das **Klosterrestaurant** *Sa Posada del Toro* bietet authentische, gute Menorca-Küche, große Portionen und ein preiswertes Mittagsmenü *(nur tagsüber | €).* Etwas weniger spektakulär, als sein Bekanntheitsgrad vermuten lässt, ist der von der Natur in den Stein gemeißelte „Indianerkopf", *Sa Roca de S'Indio*; er wird von der Landstraße Es Mercadal–Maó aus auf der rechten Seite sichtbar, gleich hinter Es Mercadal [118 A4].

Insider Tipp

PORT D'ADDAIA

[118 C3] **Fast wie ein Flusslauf schlängelt sich die Bucht tief ins Landesinnere und bietet so einem der wenigen Häfen an Menorcas Nordküste Schutz.** Die Hänge des Geländeeinschnitts sind mit immergrünen Büschen bestanden, die Landschaft macht einen verschlafenen Eindruck. Dem passen sich die dezenten Häuser der Feriensiedlung harmonisch an. Doch schon wenige

Kilometer weiter östlich (bis zum Cap de Favàritx) wächst schwarzer Schiefer aus der Küste, die Wind und Meer in Jahrtausenden zu bizarren Formen geschliffen haben. Stets gut besucht ist die *Bistro-Bar El Castillo*.

■ ESSEN & TRINKEN ■
RESTAURANTE ADDAIA
Breitband-Restaurant: Das Angebot reicht von der Pizza bis zum mit Calvados flambierten Hummer. *Av. Port d'Addaia, L-2 | Ortseingang | Tel. 971 35 92 61 | €*

■ ÜBERNACHTEN ■
FERIENHÄUSER
Eine schnuckelige Villa am Meer mieten: der Traum kann wahr werden. *Vermittlung: Menurka Grup, C/. del Pilar, 211 | 07740 Urb. Port d'Addaya | Tel. 971 38 14 15 | Fax 971 38 12 82 | www.menurka.com*

SA TORRE BLANCA   [119 D4]
Der erfolgreichste Milchbauer der Insel stellt seinen Turm zur Verfügung: feines Feriendomizil für bis zu drei Personen. Natur pur am Rande des Naturschutzgebiets S'Albufera

> UNTER GEIERN
Ein „komischer Vogel" wurde zum Symboltier

Hoch oben in den Lüften zieht er meist einsam und gemächlich seine Kreise. Wenn von unten ein weißer Körper mit dunklen Flügelkanten zu sehen ist, handelt es sich möglicherweise um einen der seltenen *alimoches* (Schmutzgeier). Die kleine Geierart *(Neóphron percnopterus)* lebt einzeln, paarweise oder in kleinen Gruppen in ruhigen Landstrichen

und auf den Klippen des Inselnordens und tritt keine winterlichen Migrationszüge an. Auf Menorca hat sich der Vogel zum Symboltier aufgeschwungen, das für die Einheimischen den Inselgeist und die reine Natur verkörpert. Auf den anderen Baleareninseln gilt diese Spezies inzwischen schon als ausgestorben.

TRAMUNTANA

d'Es Grau mit Blick aufs raue Nordostkap Favàritx. *An der Straße zum Kap (C1) ausgeschildert | Postanschrift: Apdo. Correos, 354 | 07780 Mahón | Tel. 971 18 83 08 |* www.satorreblanca.com *| €€*

FREIZEIT & SPORT
CENTRO DE BUCEO ULMO
Tauchzentrum mit Kursen. *April bis Nov. | Zona comercial, 6 | Tel./Fax 971 35 90 05 | www.ulmodiving.com*

CLUB NÁUTICO D'ADDAIA
Gepflegter kleiner Sporthafen an der Ostseite der Cala Molí. 150 Liegeplätze, keine Zapfsäulen. *Puerto Deportivo Addaia | Tel. 971 18 88 71*

AUSKUNFT
Rathaus in Es Mercadal| Tel. 971 37 50 02 | www.aj-esmercadal.org

ZIELE IN DER UMGEBUNG
ARENAL D'EN CASTELL [118 C2–3]
Moderne Feriensiedlung, deren Strand mit einer Ausdehnung von rund 500 m und einer sanften Neigung ins oft glasklare Meer hinein zu den schönsten der Insel gehört. Das *Castell Playa Fiesta* ist ein Familienhotel für gehobene Ansprüche: Sauna, Pool, Yacuzzi, Spielplatz *(265 Zi. | Platja d'En Castell | Nov.–April geschl. | Tel. 971 35 80 88 | castell@ fiestahotel-group.com | €€€).*

ARENAL DE SON SAURA [118 C2]
Kleine Feriensiedlung mit sauberem weißem Sandstrand, halbrund, ca. 100 m lang. Es gibt ein einfaches Restaurant. Wasserski, Surfen, Tretbootverleih. Wer mehr die Stille sucht, gelangt über den Pfad (etwa

1,2 km) am linken Ende des Strandes zur nächsten kleinen Bucht, der *Cala Pudent*; meist sind hier nur wenige Badende zu finden.

Felsküste bei Na Macaret

NA MACARET [118 C3]
Am selben Geländeeinschnitt wie Port d'Addaia liegt links die kleine Bucht *Cala Molí*, an deren Ausfahrt sich ein Fischerhafen mit der Feriensiedlung Na Macaret befindet. Der kleine Hafen ist heute ein beliebter Ausgangspunkt für Hochseefischer.

SON PARC [118 C2–3]
Eingebettet in Pinienhaine und eine auflebende Feriensiedlung liegt der erste und bisher einzige Golfplatz der Insel *(siehe „Sport & Aktivitäten")*.

> DIE LIEBLICHE INSELSEITE

Die längsten Strände, die bekanntesten Buchten und die größten Hotels liegen im Inselsüden

> Seine Hoheit Erzherzog Ludwig Salvator, ein intimer Kenner der Balearen und schon vor rund hundert Jahren von umweltfreundlichen Gedanken beseelt, beschrieb den Süden Menorcas als eher ungesund. Besonders die *barrancs*, jene Sturzwassergräben, die der Regen in Jahrtausenden in das weiche Kalkgestein wusch, waren dem Habsburger suspekt. Bei Hitze will er dort „mephitische Lüfte" – will sagen: stinkende Ausdünstungen – ausgemacht haben, die

dem „Wechselfieber Vorschub leisten". Die Ureinwohner der Insel sahen dies sicher anders. Die Erde ist hier fruchtbarer, das Klima verträglicher als an der Nordküste.

Auch die meisten Menorca-Urlauber werden die kernigen Aussagen des Erzherzogs nicht unwidersprochen hinnehmen, liegen doch gerade hier einige der begehrtesten Ferienziele: die märchenhafte Cala Galdana, die langen Strände bei Sant Tomàs

Bild: Cala Mitjana

MIGJORN/ INSELZENTRUM

und Son Bou, die stille Badebucht Cala Trebalùger.

Spannend ist das Gebiet auch für Hobby-Archäologen: In und zwischen den großen *barrancs* im Südwesten Menorcas harrt eine Unzahl prähistorischer Spuren ihrer Erforschung. Bis zu 60 archäologisch ergiebige Stellen kommen hier auf jeden Quadratkilometer und machen die Insel zu einem der an Fundstätten besonders reichen prähistorischen Zentren Europas.

ALAIOR

[120 B2–3] Alaior (8600 Ew.) steht auf Menorca auch als Synonym für Käse. Allein die Landwirtschaftsgenossenschaft Coinga, die den bekanntesten Menorcakäse mit der Herkunftsbezeichnung Queso Mahón anbietet, vereint einen Bestand von über 10 000 Milchkühen, die durch rund 100 glückliche Milchbauern betreut werden. Eine weitere bekannte Marke der Gegend ist *La Payesa*; die Milch fand bis vor wenigen Jahren auch bei *La Menorquina*, einer Speiseeismarke der gehobenen Klasse, die auf den ganzen Balearen beliebt ist, einen Abnehmer. Inzwischen ist das Unternehmen auf das Festland übergesiedelt.

Neben Kühen, Käse und Kalauern hält sich in Alaior (sprich: *aló*) wacker eine Schuhmanufaktur, und Modeschmuck wird hier in Familienbetrieben gefertigt.

Hier entsteht der weit über die Insel hinaus bekannte Menorcakäse

Ein kurzer Abstecher in die Ortsgeschichte: Gegründet 1304, macht der Ort bald als blühende Produktionsstätte von Wollstoffen von sich reden. Viele der älteren Gebäude stammen aus dem 17. Jh., so z.B. das ehemalige Franziskanerkloster *Sant Diego* von 1623, in dessen Zellen noch bis Ende 2003 einige Familien lebten und werkten, das Rathaus *(Ajuntament)* von 1612 und die wuchtige barocke Pfarrkirche *Santa Eulària*. Auf dem Weg zum Friedhof, am nördlichen Ortsausgang *(Camí del Cos)* in Richtung Arenal, werden jedes Jahr während der Patronatsfeiern Pferderennen ausgetragen (am 2. Wochenende im Aug.).

■ ESSEN & TRINKEN ■

COBBLERS RESTAURANT
Insider Tip

Die britischen Hausherr Simon Burchell und seine Frau Sarah zaubern mediterrane Gaumenfreuden auf den Tisch, die auch echten Menorquinern Bewunderung abringen. *Costa d'en Macari, 6 | Tel. 971 37 14 00 | www. thecobblers.es | €€ – €€€*

SA PALMERETA

Das Restaurant liegt mitten in Alaior, ist ein bisschen extravagant und bietet eine feine Jahreszeitenküche. *C/. San Pancraç, 7 | Tel. 971 37 29 71 | €€– €€€*

■ EINKAUFEN ■

Markt ist *Do 9–13 Uhr (Avda. Huguet und C/. Comerç)*. Im Juli und August findet mittwochabends ein Kunsthandwerkermarkt vor dem Rathaus statt. Ausgezeichnete Damen- und Herrenschuhe klassischen Zuschnitts gibt es bei Pons Quintana (Centre Comercial Balearica | Ctra. Maó-Ciutadella, km 14,8) und, ebenfalls sehr elegant, in der Schuhmanufaktur Gomila Melia S. A. (C/. Miguel de Cervantes, 46).

Käse probieren und kaufen kann man bei *Coniga (C/. des Mercadal, 8)* oder bei *La Payesa (Pons Martín | C/. Es Banyer, 64)*.

Gasse im Zentrum von Alaior

■ ÜBERNACHTEN ■

ROYAL SON BOU – FAMILY CLUB 📶

Familienfreundliches Aparthotel am Meer mit allem Komfort; aufgelockerter Flachbau im Menorca-Stil. *Playa Son Bou | Tel. 971 37 23 58 | Fax 971 37 82 81 | www.royalsonbou.com | €€–€€€*

SOL ELITE MILANOS PINGUÏNOS

Mit mehr als 1000 Betten ist dieses Etablissement in zwei hohen Gebäuden direkt am Strand ein echtes Schwergewicht unter den Inselhotels. Garten, Pool, Tennisplätze und Animation für Kinder und Jugendliche. In den 🌼 obersten Stockwerken genießt man einen **herrlichen Panoramablick** über das Meer und die Dünenlandschaft. *Platja de Son Bou | Tel. 971 37 12 00 | Fax 971 37 20 32 | sol.milanos.pinguinos@solmelia.es | €€€*

CAMPING SON BOU

Sauberer Campingplatz mit Pinienwald und Grünflächen. Alle nötigen Service-Installationen vorhanden, zwei Unterkunftstypen können ohne eigene Campingausrüstung gebucht werden. *Ctra. de San Jaume, km 3,5 | Tel. 971 37 27 27 | Fax 971 37 26 05 |* Info und Reservierung über: *www.campingsonbou.com*

■ AUSKUNFT ■

Rathaus | Tel. 971 37 10 02 | www.alaior.org

■ ZIELE IN DER UMGEBUNG ■

SON BOU [120 A3–4]

Mit knapp 3 km Länge sind die *Platges de Son Bou* der längste Sandstrand Menorcas. Goldgelber, feiner

MARCO POLO HIGHLIGHTS

⭐ **Basílica de Son Bou**
Das eindrucksvollste Beispiel der frühchristlichen Basiliken Menorcas (Seite 64)

⭐ **Torre d'en Galmés**
Aus drei *talaiots* und einem *taula*-Heiligtum entstand eine komplette Stadt (Seite 64)

⭐ **Torralba d'en Salort**
Die schönste und am besten erhaltene Taula Menorcas liegt an einer Nebenstraße nach Cala en Porter (Seite 64)

⭐ **Cala Galdana**
Eine Bucht wie im Bilderbuch: eingefasst von dunkelgrauen Felsenklippen (Seite 66)

Sand, ein sanfter Abgang ins Meer, Duschen und Toiletten machen ihn ideal für Familien. Für Kinder gibt es in der angeschlossenen Siedlung *Sant Jaume* einen Minispielpark (siehe „Mit Kindern reisen").

Im 4. Jh. lag am Ostrand des Strandes vermutlich eine kleine Ortschaft (Luftaufnahmen enthüllen ein Straßenraster im Meer), von der heute nur noch die 1951 wieder entdeckten Reste der ⭐ *Basílica de Son Bou* zu sehen sind: die Basis von zwei Säulenreihen, die den Hauptbau in zwei schmalere Seitenschiffe und ein breites Mittelschiff teilen, Grundmauern und ein großes steinernes Taufbecken mit kleeblattförmiger Vertiefung. Die im 5. Jh. errichtete Basilika gibt am deutlichsten die architektonischen Merkmale der frühchristlichen Basiliken Menorcas wieder.

TORRALBA D'EN SALORT ⭐ [120 C3]

Nicht an der Hauptstraße, sondern an der kleineren Nebenstraße von Alaior nach Cala en Porter liegt diese *talaiot*-Siedlung, die erst vor wenigen Jahren zu einem archäologischen Park ausgebaut wurde. Herausragend ist das Heiligtum *Sa Taula de Torralba*, das zu den am besten erhaltenen der Insel gehört. Im Umfeld des Megalithkreises wurden Tierknochen und eine kleine Bronzestatue gefunden, die einen Stier symbolisiert.

TORRE D'EN GALMÉS ⭐ [120 B3]

Eines der besonders ausgedehnten archäologischen Fundgebiete der Balearen liegt bei km 2,5 an der Landstraße Alaior–Son Bou. Drei *talaiots* und ein *taula*-Heiligtum müssen um 1400 v.Chr. eine Stadt gebildet haben, von der noch Reste von Räumen, Schutzwällen, Zisternen, Höhlen und Vorratskammern zu sehen sind. Herausragend sind auch die etwas außerhalb gelegene Grabkammer (heute unter dem Namen *Ses Roques Llises* bekannt) und eine steinblockgedeckte Halle, *Sa Camera de sa Garita*, die wahrscheinlich als Vorrats- oder Versammlungsraum diente.

> GRÜNE KARTE
Freiwilliger Beitrag zum Schutz der Umwelt

Das neue Bonussystem der Balearen ist angelehnt an Kur- bzw. Gästekarten, wie man sie auch aus deutschen Ferienorten kennt. Mit dem Erwerb der *Targeta Verda*, der „Grünen Karte", die für 15 Tage mit 10 Euro zu Buche schlägt, kann der Karteninhaber Vergünstigungen für verschiedene kulturelle und kommerzielle Angebote in Anspruch nehmen, u.a. für Golfplätze, Museen, geführte Wanderungen, Kinobesuche, Freizeitparks und sogar Supermärkte. Auch manche Bus- und Bahn-Verbindungen sind mit der Karte preiswerter. Zusätzlich erhält man mit dem Erwerb der Karte 15 Minuten zum Telefonieren. Mit den Verkaufserlösen fördert eine Stiftung Projekte, die dem Umweltschutz und dem Tourismus der Balearen zugute kommen. Eine Übersicht der angeschlossenen Geschäfte und Aktivitäten findet man unter: *http://www.targeta verda.com/FDown/Tarjeta_Verde_ven tajas_y_descuentos.pdf.*

Abenteuerliche Statik: Torre d'en Galmés

FERRERIES

[117 E4] Rostrote Felsen, rotbraune Felder und ein neuer, landstraßennaher Ortsteil, der beileibe keine Schönheit ist: Ferreries (4500 Ew.) wirkt auf den ersten Blick eher abweisend. Doch ein atmosphärischer Altstadtteil im hoch gelegenen Bereich macht den ersten, negativen Eindruck wieder wett. Besonders der Carrer de Sa Font zeigt Winkel mit antikem Charme. Sehenswert ist auch das Umweltmuseum *Centre de la Natura de Menorca* (siehe „Mit Kindern unterwegs").

Der Name des Orts lässt an Eisen und frühe Eisenverarbeitung (lateinisch *ferrum*, Eisen) denken. Zu einiger Bedeutung gelangte die Siedlung jedoch erst durch den Verbindungsweg Maó-Ciutadella, den der respektierte englische Inselgouverneur Richard Kane anlegen ließ und

der Ferreries aktiv in das Handelsnetz der Insel einband. Und noch einmal kamen europäische Institutionen dem Ort vor wenigen Jahren zu Hilfe: Die Produkte des Landstrichs und der Markt werden mit EU-Mitteln gefördert.

■ ESSEN & TRINKEN ■

BINISUÈS
Landgut, Restaurant – Spezialität sind Fisch und Meeresfrüchte – und ein kleines naturwissenschaftliches Museum (Insekten, Mineralien) in einem. *Ctra. Mahón-Ciutadella (km 31,6) Abzweigung Ets Alocs | Tel. 971 373728 | €€*

RESTAURANTE LIORNA
Eigenwillige Mischung aus Kunst und Gastronomie mit wechselnden Menüs und Ausstellungen. Wer kreatives Ambiente sucht und dafür über

Serviceschnitzer hinwegsieht, ist hier richtig. *C/. Econòm Florit (C/. de Dalt), 9 | Tel. 971 37 39 12 | www.liorna.com | €€*

EINKAUFEN

Es Mercat, der Wochenmarkt von Ferreries *(Sa im Sommer 8–12, im Winter 9–13 Uhr | Plaça Espanya)*, bietet Obst, Gemüse, Wurst, Käse, **Insider Tipp** inseltypische Spezialitäten und kunsthandwerkliche Erzeugnisse.

In einer der Bäckereien in der Altstadt sollte man unbedingt die ortstypischen *bunyols de fromatge* probieren, in Öl gebackene Hefeteilchen mit Käsefüllung.

Schönen Schmuck mit Naturmotiven und in einfachen Formen fertigt die Goldschmiedin *Núria Deyà* in ihrer kleinen Werkstatt an *(San Bartomeu, 46 | Tel. 971 37 35 23)*.

CALZADOS RIA S.L.

Hier werden seit 1947 die typischen Menorca-Sandalen *avarcas* aus Rindsleder und Autoreifengummi hergestellt. Ein Verkaufsraum ist angeschlossen. *C/. Goya, 3–5 | Tel. 971 37 30 70 | www.ria.es*

HORT DE SANT PATRICI

In diesem Landgut nördlich von Ferreries darf gekostet werden. Zu kaufen gibt es Käse aus eigener Produktion sowie Wurst, Wein und Honig. Teile des Landguts und ein kleines Museum können besichtigt werden; an einigen Tagen kann man *(9–11 Uhr)* auch bei der Zubereitung des Käses zusehen. *Camí de Sant Patrici | www.santpatrici.com | Verkauf Mo bis Sa 9–13 und 16–18, im Sommer bis 20, Sa 9–13 Uhr*

ÜBERNACHTEN

An der Landstraße *Ferreries–Cala Galdana (km 4)* liegt einer der beiden offiziellen Campingplätze der Insel, *S'Atalaia (Tel. 971 37 42 32 | www.satalaia.net)*. Er bietet eine gute Gesamtausstattung, ein Schwimmbecken, Duschen und einen kleinen Supermarkt. Entfernung zum Meer etwa 3 km. Der Platz sei allen Campern deshalb besonders ans Herz gelegt, weil sich die Fronten zwischen Grundbesitzern und „wilden Campern" zunehmend verhärtet haben. Auf derselben Landstraße (rechts abbiegen) kommt man zu einer der zehn Landpensionen Menorcas: *Son Triay Nou (4 Zi. | Tel./Fax 971 15 50 78 | www.sontriay.com | €€)*; hier kann man Ferien auf dem Bauernhof machen; Pool und Tennisplatz sind vorhanden.

AM ABEND

Darbietungen bester spanischer Reitschule offeriert der *Club Escola Menorquina* im Sommer zweimal pro Woche *(Mi und So ab 20.30 Uhr)*. *Ctra. Ferreries–Cala Galdana, km 0,5 | Platzreservierung und Information: Tel. 971 15 50 59*

AUSKUNFT

Rathaus | Tel. 971 37 30 03

ZIELE IN DER UMGEBUNG

CALA GALDANA ★ [117 D5]

In dieser Bucht verbringen vor allem Engländer, Spanier und Deutsche ihren Individual-Traumurlaub. Der grünen Oase, eingefasst von dunkelgrauen Küstenfelsen, konnte man ursprünglich nur mit Attributen wie „malerisch" oder „paradiesisch" gerecht werden. Heute ist man indes leider dabei, ihre Reize nach und nach unter Hohlblocksteinen zu begraben; immer weiter frisst sich die Siedlung *Cala Galdana* mit neuen Apartments, Ferienwohnungen, Restaurants und Supermärkten vor allem in den westlichen Ausläufer der Bucht hinein.

Bei der Anfahrt, auf der Höhe des ersten Hotels (links abzweigen), gewinnt man einen  guten Überblick. Der Strand ist gut 500 m lang, goldgelb und feinsandig – ideal auch für Familien mit kleineren Kindern. Nur bei den seltenen Südwinden raut die See innerhalb der Bucht auf. Das schöne Restaurant *El Mirador (€€)* mit seiner angenehmen Terrasse und dem breiten Angebot an Grillfleisch und Fisch besticht durch seine großartige Lage auf der vorgelagerten Halbinsel.

Unter den zahlreichen Hotels der Cala Galdana wählt man seinen Favoriten am besten und am günstigsten – wie fast überall an der Küste – bereits zu Hause in den Katalogen der großen Reiseveranstalter aus. Hier zumindest ein Tipp: Wer einen Urlaub mit der ganzen Familie verbringen möchte, wird in der Bungalow-Apartment-Siedlung *Cala Galdana* (vier Sterne, angeschlossen ist auch ein Hotel) am schnellsten fündig. Keine 150 m vom Wasser entfernt, bietet sie einen schön angelegten Garten, einen großen Swimmingpool, ein Fitnesscenter mit Yacuzzi, Sauna und Fitnessraum sowie Sonnenwiesen – die Architektur spielt dabei eine eher untergeordnete Rolle *(75 Ap. | 204 Zi. im Hotel Cala Galdana | Tel. 971 15 45 00 | Fax 971 15 45 26 | www.hotelcalagaldana.com | Dez.*

Immer noch ein Garant für traumhafte Ferien – die Cala Galdana

Badespaß an der Cala Galdana: mit dem Luftkissen durch die Wellen

ganze Familie bietet *Sports Nautics (am Strand | Tel. 676 99 12 44 | Mai bis Okt.)*. Mehrmals in der Woche sticht auch der Segelkatamaran *Blue Mediterraneum (Tel. 609 30 53 14)* von Cala Galdana aus in See, um an der gesamten Südküste entlang bis zum Hafen von Maó zu segeln (Rückfahrt mit dem Transferbus).

CALA MITJANA [117 D–E5]

Die Bucht ist per Fußweg über die Klippen zu erreichen (etwa 1 km) oder mit dem Fahrzeug (1,5 km vor Cala Galdana links). Den Weg lohnt ein 100 m langes Strandhalbrund mit feinem weißem Sand und anschließendem Pinienhain. Wer dem Weg weiter in östlicher Richtung folgt, gelangt an die stille, schöne *Cala Trebalüger* (ungefähr 1 Std. teilweise beschwerlicher Fußmarsch von Cala Galdana aus). Leider ist die Zufahrt zu der Bucht durch den Grundbesitzer geschlossen worden; den Zugang von der Meerseite aus (das schließt auch einen 100 m breiten Küstenstreifen ein) kann hingegen keiner verwehren, auch nicht der Eigentümer.

Zahlreiche Höhlen, prähistorische Fundstellen und auch die Wurzeln vieler Inselsagen liegen im Verlauf der Sturzwassergräben, die später in die Cala Trebalüger münden. In diesen *barrancs*, die sich in Jahrtausenden bis zu 50 m tief in den Kalkstein gegraben haben, bildeten sich, geschützt vor den rauen *tramuntana*-Winden, die „Gärten Menorcas" mit ihrem milden Mikroklima. Ohne kundige Führung findet man jedoch kaum den Zugang zu ihnen, zumal immer mehr Grundbesitzer den Durchgang sperren. Etwa auf halbem Weg zwi-

bis März geschl. | *Hotel und Apartmentsiedlung €€€*).

Wer das ländliche Menorca sucht, stößt in der Nähe von Cala Galdana auf ein Angebot des so genannten *agroturisme* („Ferien auf dem Bauernhof"). In hinreißender Lage zwischen den *barrancs*, umgeben von Wald und nur wenige Kilometer von der Küste entfernt, thront das Anwesen *Bini-said*, eins der frühen „alternativen" Ferienangebote Menorcas, mit eigenem Zugang zu Traumbuchten, Pool usw. *(Ctra. Ferreries–Cala Galdana, km 4,3 | Tel. 971 15 50 63, 627 47 98 75 | www.bini said.com)*.

Die Cala Galdana ist ein idealer Badestrand, und die reizvolle Umgebung mit unzähligen unbebauten Naturstränden lädt zu Entdeckungstouren auf dem Seewege ein. Motorboote, Jollen und Kajaks für die

schen Cala Galdana und Cala Sant Tomás liegen zwei weitere zumeist einsame – weil schwer zugängliche – Buchten: die *Cala Fustam*, ein kleiner Strand mit pinienbestandenem Hinterland und einer geräumigen Höhle am linken Strandende, und die *Cala Escorxada*; beide sind nur über einen schwierigen Weg an der Küste entlang zu erreichen, da die Wege landeinwärts über gesperrtes Privatgelände führen.

ES MIGJORN GRAN

[117 F5] Der Ort ist noch relativ jung. 1769 wurde er während der zweiten britischen Besetzung erneut gegründet. Seither hat sich nur wenig verändert, etwa der Name der Ortschaft, die früher San Cristóbal hieß. Ein paar einstöckige Häuser ducken sich rund um eine einfache Kirche (Baubeginn 1771) im Ortskern mit kleinen, ruhigen Straßen. In der Geschichte des Ortes ragte lediglich eine Persönlichkeit heraus: der Arzt Francesc Camps. Er fand seine Berufung in der Archäologie und der Heimatkunde, hielt mündlich überlieferte Lieder und Legenden der Insel schriftlich fest, erforschte alte Traditionen und Bräuche und verhalf so besonders Menorcas junger Generation dazu, jene Wurzeln zu festigen, die nötig sind, um Jahr für Jahr einem Ansturm von über einer Million Feriengästen aus fremden Kulturen standzuhalten.

■ ESSEN & TRINKEN ■

CA'NA PILAR
In rustikaler Atmosphäre wird menorquinische Hausmannskost serviert, die allerdings kleine Zugeständnissen an den internationalen Geschmack macht. *Ctra. Es Migjorn Gran–Es Mercadal (am Ortsausgang) | Tel. 971 37 02 12 | €€*

BLOGS & PODCASTS
Gute Tagebücher und Files im Internet

> http://fotomenorca.blogspot.com/ – Virtuelles Menorca-Fotoalbum mit aktuellen Momentaufnahmen von Insel und Leuten (Engl./Span.).

> vvw.menorcavirgen.blogspot.com/ – Fotoblog, spanischsprachig, aber ein Bild erzählt manchmal wirklich mehr als 1000 Worte ...

> http://www.wikio.de/ausland/eu ropa/spanien/balearen/menorca – Einer der wenigen rein deutschsprachigen Blogs zum Thema Menorca.

> http://www.urlaub-spanien-reise. de/blog/category/inseln/menorca/ – Neu und mit einer Reihe interessanter Themen rund um die Insel, Bestandteil eines spanienweiten Blogportals (Dt.).

> www.youtube.com/watch?v=RLcz LITEALw – Kostenlos kann man sich als Ferieneinstimmung auch ein paar Amateurvideos über den Online-Service YouTube (über diesen Pfad) zu Gemüte führen.

Für den Inhalt der Blogs & Podcasts übernimmt die MARCO POLO Redaktion keine Verantwortung.

S'ENGOLIDOR

Hier bekommen Sie traditionelle, teilweise deftige Menorca-Küche noch zu vernünftigen Preisen. Kosten Sie unbedingt die vorzüglichen Schweinerippchen nach Menorquiner Art oder den Stachelrochen mit Kapern. *C/. Major, 3 | Tel. 971 37 01 93 | www. sengolidor.com | €*

■ EINKAUFEN ■

Unweit von Es Migjorn Gran, in Binicudrell (ca. 1 km südwestlich), unterhält die Künstlerin *Melisa Cabal* eine kleine Galerie-Werkstatt, in der sie vorwiegend die eigenen Arbeiten ausstellt: sehr ausdrucksstarke, figurative Werke, häufig mit Sujets aus ihrem Zentralthema „Wein". Besuch nach telefonischer Absprache. *Binicudrell de Baix| Tel. 971 37 96 79 | Handy 615 26 58 74| www.melisacabal.com*

>LOW BUDGET

> Etwas spart man schon, wenn man den leckeren, würzigen Menorca-Käse direkt beim Erzeuger kauft. Dies ist möglich z.B. bei *Hijo de F. Quintana in Alaior (Avda. Des Camp Verd | Parzelle 47 - Polygono La Trotxa | Tel. 971 37 11 33 | www.QuesoQuintana.com)* oder bei *Subaida* in Es Mercadal *(Mo–Sa 9–14 und 16–20 Uhr | Ctra. De Binifabini | www.subaida.com/es/home/)*.

> Der einfache Landgasthof *La Trotxa* in Alaior bietet täglich ein preiswertes, aber dennoch schmackhaftes komplettes Tagesmenü an. *Am Kreisverkehr an der Ortsausfahrt Richtung Maó | Tel. 971 37 87 39*

■ ÜBERNACHTEN ■

S'ENGOLIDOR

Wer sich entschließt, im Ort zu bleiben, kann im oben genannten Restaurant *S'Engolidor* nach einem Zimmer fragen (vier stehen zur Verfügung); das Quartier ist einfach, aber angenehm, bei Neigung auch mit Familienanschluss *(Mai–Okt.).* | *www.sengolidor.com | € – €€*

■ AUSKUNFT ■

Rathaus| Tel. 971 37 01 11

■ ZIELE IN DER UMGEBUNG ■

COVA D'ES COLOMS   [117 E–F5]

Die Einheimischen nennen die Höhle wegen ihrer üppigen Dimensionen „die Kathedrale". Mit 24 m Höhe, 11 m Tiefe und 16 m Breite zählt sie in der Tat zu den besonders beeindruckenden unterirdischen Denkmälern Menorcas. Laut neueren Untersuchungen wurde sie schon in vorchristlicher Zeit als Kultstätte genutzt. Alter (Aber-)Glaube der Menorquiner ist es, dass Paare, die gemeinsam die Höhle betreten, sich nach kurzer Zeit trennen würden; Personen, die sich hingegen unabhängig voneinander in der Höhle treffen, würden durch die Kraft des Schicksals vereint.

Am Weg von Es Migjorn Gran hinunter zum Strand Sant Tomàs liegen drei archäologische Fundstellen. Der *Talaiot de Binicudrell* wurde bisher nicht frei gelegt; eine Restaurierung ist aber geplant. Die prähistorische Siedlung *Sant Agustí Vell* ist bekannt für einen großen, balkengedeckten Steinbau, der frühere Archäologengenerationen zu dem heute überholten Schluss führte, dass auch die *taules* lediglich zentrale Stützpfeiler einer deckenden Balkenkonstruktion gewesen sein. Die dritte Siedlung, *Santa Mónica*, ist deshalb interessant, weil hier eine Reihe von *navetas* (Vorläufer der *talaiots*) zu einer Ansiedlung zusammengeschlossen wurden, die offensichtlich nicht als Begräbnis-, sondern als Wohnstätte diente.

Adeodat findet man eine kleine, nette  Strandbar, die auch einfache Mahlzeiten bereitet. Der phantastische Meerblick rundet einen Imbiss ab. Die typischen Qualitäten der Sol Hotelkette findet man auch im *Sol Elite Menorca* am Strand von Sant Tomàs: komfortable Unterkünfte inmitten einer üppigen Gartenanlage

An der Platja Sant Tomàs glitzern die Schaumkronen im Sonnenlicht

PLATJA SANT TOMÀS [117 F6]

Über die Landstraße von Es Migjorn Gran zum Meer kommt man gleich an drei Strände, die nur durch schmale Felszungen voneinander getrennt sind: *Binigaus* im Westen, *Sant Adeodat* in der Mitte und *Sant Tomàs* im Osten. Die beiden Letzteren sind belebter, verstärkt an der Platja Sant Tomàs durch Hotels und eine Feriensiedlung. Oberhalb des Strandes Sant

(188 Zi. | Platja Sant Tomàs | Tel. 971 37 00 50 | Fax 971 37 03 48 | *sol.menorca@solmelia.com* | Nov. bis März geschl. | €€€).

Binigaus, den ruhigeren Strand, erreicht man über einen Fußpfad am Meer entlang (1,2 km). Der Abschnitt mit dem feinen, hellgrauen Sand lohnt vor allem in der Hauptsaison den Weg, wenn die beiden anderen Strände voll sind.

> MENORCAS MEDITERRANE SEELE

Weiche Sand- und Ockertöne, wettergefurchte Fassaden,
gepflasterte Gassen, pastellfarbene Altstadtpaläste

> In Ciutadella ist die Welt noch in Ordnung. Nicht etwa, wie man auf den ersten Blick meinen möchte, weil sich die Zeit irgendwo auf dem Weg vom späten Mittelalter ins Jetzt verloren hätte, sondern im Gegenteil, weil sich hinter den friedlichen alten Fassaden der Häuser und Paläste eine intakte, gut organisierte Gesellschaft verbirgt.

Arbeitslosigkeit spielt hier kaum eine Rolle, viele Bewohner sind im Lederhandwerk, im Handel und im Touris-mus tätig, die Verbrechensrate ist beneidenswert niedrig, die Lebensqualität sehr hoch. Woll- und Lederexporte und ein lebhafter Handel müssen auch schon im Mittelalter eine wichtige Rolle für die Stadt gespielt und die Fundamente für das „traditionelle und herrschaftliche" Ciutadella gelegt haben, das Inselchronisten stets mit einer gehörigen Dosis Respekt beschrieben. Bis ins 18. Jh. hinein konnte sich Ciutadella

Bild: Hafenpromenade von Ciutadella

CIUTADELLA/ WESTSPITZE

als Inselmetropole behaupten. Der Bischof blieb dem „Historischen Nationaldenkmal", zu dem die gesamte Innenstadt erklärt wurde, bis heute treu. Neu sind dagegen die großen Urlaubsgebiete rundum, so im Westen das hauptsächlich von Engländern besuchte Cala En Forcat, im Norden Cala Morell, bekannt als Luxus-Ferienhaussiedlung, und im Süden die ständig wachsenden Orte Cala Blanca und Son Xoriguer.

CALA MORELL

[116 C2] **Die Siedlungen Son Morell und Marina sind zu einem Feriengebiet zusammengewachsen. In der Nebensaison wirken die weißen, unbewohnten Häuser an den Hängen der wetterzerfressenen, rotbraunen Felsen der Bucht Cala Morell etwas deplatziert.** Die Architektur der Anlage erinnert an Ibiza, mit einigen für Menorca typischen Details, etwa den phantasievoll installierten Wasserabläufen, die das strenge Bild vieler Häuserwände auflockern.

Auf halber Höhe zwischen Himmel und Meer nutzten schon vor Jahrtausenden die Ureinwohner Me-

BINIATRAM

Rustikaler Landsitz, ca. 1 km vom Meer entfernt, umgeben von Natur pur. Das Anwesen ist an die 500 Jahre

Modeboutique in Ciutadellas Fußgängerzone Baixada Capllonch

norcas einen kleinen Seitenarm der Cala, um in dem weichen Kalkstein eine Siedlung anzulegen (um 900 v. Chr.). Die knapp 20 Höhlen, einige mit Stützsäule und Nischen, sind von der Straße aus frei zugänglich. Kalkstein oben, rostroter Sandstein unten – hier beginnt jene gedachte Linie, mit der Geologen die weit ältere Tramuntana, den Inselnorden, vom Migjorn, dem Inselsüden, trennen. Die Linie verläuft zwischen Cala Morell und Maó. Der kleine, steinige Strand lohnt den Besuch allerdings nicht unbedingt.

alt und liebevoll restauriert. Terrassen, Garten, Pool. *17 Betten | nahe Cala Morell | Tel. 971 38 31 13 | Fax 971 48 28 27 | www.infotelecom.es/biniatram/ | €€*

CALA ALGAIARENS [116 C2]

Innerhalb eines gewaltigen privaten Großgrundbesitzes liegen diese zwei stillen Buchten, die seit 1992 dennoch für Schlagzeilen sorgen. Denn der Besitzer war einer der Ersten, der für den Zugang zum Strand Wegezoll erheben wollte. Proteste der Bevölkerung, die das heutige Naturschutzgebiet seit alters zum Baden und Campen nutzte, waren die Folge. Draufhin bekamen zumindest die Einwohner von Ciutadella wieder freien Zutritt. Heute wird eine Parkgebühr von 5 Euro erhoben. Der Strand selbst ist durch eine Felsnase zweigeteilt. Der östliche Strandabschnitt grenzt an eine kleine Süßwasserlagune, Überbleibsel winterlicher Regenfälle, die durch den Sturzwassergraben *La Vall* ablaufen und hier ins Meer münden.

CALA SES FONTANELLES [116 C2]

Nicht ganz so sanft wie der Strand der Cala Algaiarens, wird die Cala Ses Fontanelles im Sommer vor allem von Schiffseignern genutzt, die vor den Felsen vor Anker gehen. Die Landanfahrt zweigt 1 km vor der Zufahrt zur Cala Algaiarens links ab.

CIUTADELLA

 KARTE IN DER HINTEREN UMSCHLAGKLAPPE

[116 B3] ★ Obwohl mit knapp 28 000 Einwohnern nur unwesentlich kleiner als Maó, legt Ciutadella einen gemächlicheren Lebensrhythmus an den Tag als die quirlige Konkurrenzmetropole. Die Menschen scheinen hier mehr Zeit zu haben als am geschäftigen Ostpol der Insel. Der Alltag verläuft gleichmäßiger, vielleicht auch etwas menschlicher. Hier wagt es der Barbier noch, sich mit Klappstuhl und Strandsandalen ein bisschen in der sinkenden Sonne vor dem eigenen Laden zu wärmen, wenn ihm nachmittags die Bärte ausgehen, hier grüßt man oft auch noch den Fremden mit einem kurzen Kopfnicken, und hier haben sich auch die Älteren noch eine Menge zu sagen, meist bei dichtem Zigarrenqualm und in einer angeregten *tertulia* (Gesprächskreis) im *Cercle Artístic* oder im Schatten des Obelisken, der wie ein mahnender Finger über der Plaça d'es Born an die Zerstörung der Stadt durch türkische Piraten erinnert. Weit über 400 Jahre sind seit jenem blutigen Überfall inzwischen vergangen. Über 3000 Menschen wurden damals versklavt, die Stadt geplündert und geschleift, sodass man gezwungen war, wieder bei Null anzufangen.

MARCO POLO HIGHLIGHTS

★ **Ciutadella**
Von allen Orten der Insel sicher der schönste: alt und nobel, mit einem „gesunden" Lebensrhythmus und dabei sauber und zu spannenden Entdeckungsgängen einladend (Seite 75)

★ **Bastió de Sa Font**
Festungsmauern aus dem 14.Jh. mit interessantem Museum zur Geschichte Menorcas (Seite 76)

★ **Cala Macarella**
Türkisfarbenes Wasser, eingefasst in grauen Kalkstein (Seite 85)

★ **Cala en Turqueta**
Eine Traumbucht: sanft abfallender Sandstrand, Schatten spendende Pinien, gerundete Küstenfelsen (Seite 86)

★ **Nau des Tudons**
Das älteste bekannte Bauwerk Europas (Seite 86)

Exponate im Museu Municipal in der Bastió de sa Font

■ SEHENSWERTES

BAIXADA CAPLLONCH [U D4]

Der Palast *Ca'n Squella* und der Bischofspalast, *Palau Episcopal* (beide 17. Jh.), liegen am Rand des Carrer Sant Sebastia und des Carrer del Bisbé. In den stillen Gassen dringt am Morgen noch der Duft frischen Brotes aus mancher Bäckerei. Weiter westlich kommen die Treppen in Sicht, die hinunter zum Meer führen. Souvenirstände begleiten links, Boutiquen und Läden rechts die Stufen hinab zum Hafenbecken. Rechts um die Ecke geht's zum *Café Balear*, Treff zum Tapas- und Fischessen für Urlauber und Insulaner. Das Lokal mit üppigem Mittagsmenü und frischem Meeresgetier ist eine Institution *(Tel. 971 38 00 05 | mittags €€, abends €€€)*. Das *Café Balear* an der Cala en Bosc ist übrigens ein weiteres Café desselben Besitzers.

BASTIÓ DE SA FONT ★ [U F3–4]

Die ursprüngliche Festung aus dem 14. Jh. wurde 1558 von den Türken zerstört und erst Ende des 17. Jhs. wieder aufgebaut. Das hier untergebrachte *Museu Municipal* hat multimedial aufgerüstet und dokumentiert mit Funden aus der Vorgeschichte und der Zeit der muselmanischen Besetzung, mit historischen Dokumenten, alten Schriften und anderen Exponaten die Geschichte Menorcas. *C/. Portal de Sa Font | Di–Sa 10 bis 13.30 Uhr*

CAPELLA DEL SANT CRIST [U E5]

An der Ecke Carrer del Seminari und Carrer del Sant Crist steht die Capella del Sant Crist (Baubeginn 1667). Der kleine Kuppelbau war den Schafscherern teuer, die den Hafen von Ciutadella im Mittelalter mit einem seiner wichtigsten Exportprodukte, der Wolle, versorgten.

CASTELL DE SANT NICOLAU [0]

Der achteckige Wachturm aus dem 17. Jh. war einst Teil der Stadtbefestigung. *Passeig Marítim | Di–Sa 10–13 Uhr*

CATEDRAL [U D4–5]

Über den Carrer Major d'es Born gelangt man zur Kathedrale an der Plaça de la Catedral. Ihren wuchtigen, kantigen Auftritt verdankt sie nicht zuletzt einer Versteifung des Bauwerks, nachdem ein Teil der Kuppel 1628 eingestürzt war. 1795 wurde der Neubau durch ein päpstliches Edikt zur Kathedrale Menorcas erklärt – was heftige Kritik aus Maó hervorrief. Der heutige Glockenturm geht auf das Minarett einer Moschee zurück, die bis ins 13. Jh. den Platz beherrschte *(Besichtigung tgl. 8.30 bis 13 und 18–21 Uhr)*. Unzählige Anekdoten und Legenden ranken sich um das Gotteshaus. So wird erzählt, zur Zeit des Neubaus habe man die Fensterstöcke verhängen müssen, weil Hunderte von Vögeln beim Gebet in die Kirche eingedrungen seien. Auch wurde die Kathedrale im Lauf der Geschichte zum Zufluchtsort vieler Menschen, die bei den jeweiligen Inselgouverneuren in Ungnade gefallen waren.

ESGLÉSIA DEI ROSER [U D5]

Gegenüber dem rechten Seiteneingang der Kathedrale, der *Porta de la Llum* (Lichttor) zweigt der Carrer del Roser nach Süden ab. Nach fünfzig Schritten stößt man auf die schmale Fassade der Església del Roser (Baubeginn 12. Jh.), die heute nur für Ausstellungen geöffnet wird.

ESGLÉSIA DEI SOCORS [U D5]

Im Carrer del Socors werden Stimmen laut. Bisweilen hört man musikalische Fragmente durch die starken Mauern der Església del Socors dringen. Das Augustinerkloster wurde 1648 gegründet, seine Mauern dienen heute als Rahmen für klassische Sommerkonzerte *(Festival Musica d'Estiu)* sowie als Ausbildungsstätte von Nachwuchsmusikern *(Capella Davidica)*.

Insider Tipp

JUDERÍA [U D5]

Der *Palau Olivar* blickt auf die Stirnseite der Kathedrale. Auf Höhe des Palasts begann früher die *judería*, das Judenviertel (Carrer Palau, Carrer Sant Jeroni und Carrer Sant Francesc), mit einer Reihe schlichter Bürgerhäuser.

MARINA [U C3–4]

Im Hafen von Ciutadella lassen sich grob das rechte Ufer, für den Gewerbe- und Personenverkehr und das linke Ufer unterscheiden. Links, an der Marina, reihen sich noble Restaurants, die in der Mehrzahl gut betuchte Fischliebhaber bedienen.

MERCAT (MARKTHALLE) [U E6]

In den kleinen, ruhigen Gässchen im Umfeld der Markthalle erreicht die Sonne nur um die Mittagszeit den Boden. Doch spätestens am *Mercat*, dem Markt, bestimmt wieder südländisches Ambiente das Bild. In dem weiß und dunkelgrün gekachelten Bau nimmt jede Zunft je eine Seite ein. Die Metzger sehen hinüber auf die andere Seite des Carrer de la Palma mit einer Reihe von Gemüseständen und den traditionellen Marktbars.

PALAU SALORT [U C-D4]

Der einzige Palast von Ciutadella, der Besuchern bis vor Kurzem Zugang und Einblick gewährte. Leider ist der

Palast zurzeit trotz vieler gegenteiliger Ankündigungen nicht zur Besichtigung frei gegeben. *Pl. d'es Born*

PLAÇA D'ES BORN [U C4]

Der Obelisk auf der Plaça d'es Born erinnert an das „Jahr des Unheils" *(Any de sa Desgracia)*. Sein Schatten zeigt morgens auf das Rathaus *(Ajuntament)*, einst eine arabische Festung, dann Burg von König Alfons III., der Stadt und Insel von den Mauren befreite, später Residenz etlicher Inselgouverneure. Der heutige Bau stammt aus dem 19. Jh. und dient dem Stadtrat als Sitzungsort. Alljährlich wird hier am 9. Juli die „Schreckensakte" geöffnet und verlesen. Sie berichtet von den 15 000 „Ungläubigen", die 1558 die Stadt belagerten. Sie erzählt auch von den Helden Ciutadellas, die sieben Tage lang tapfer der Übermacht trotzten. Hinter

dem Rathaus überragt eine ☀ Aussichtsplattform *(Mirador)* auf der *Bastió des Governador (tgl. 9–13 Uhr)* die Stadtmauer und gewährt eine Panoramasicht auf den Hafen.

SES VOLTES [U E5]

Ses Voltes heißen die Arkadengänge, die den *Carrer Josep M. Quadrado* auf beiden Seiten begleiten. Hier wird Ciutadella kommerziell. Einzelhandel und Kleingewerbe blühen im Schatten der Bogen, von denen keiner dem anderen gleicht. Die Bars an der abschließenden *Plaça Nova* sind meist gut gefüllt. Hauptsächlich Stadtneulinge genießen die Rast bei Cola oder Limonade. Geradeaus geht es zur *Plaça Alfons III* oder *Plaça de Ses Palmeres*, wie die Städter sagen, und von da aus über den *Camí de Mao* inselüberspannend bis zur Ostküste. Richtung Westen zeigt der

Arabische Stilelemente zeigt das Rathaus an der Plaça d'es Born

Carrer Sant Antoni, später *Carrer Sant Josep*. Hier findet man Restaurants und Cafeterias, die vorwiegend von Einheimischen besucht werden. Rechts stößt man am Ende des *Carrer Santa Clara* auf einen weiteren Palast, den des Barons von Lluriach *(Castell Lluriach)*, des ersten Adligen Menorcas, eingesetzt von Karl II. nach der Schlacht gegen die arabischen Besatzer an Spaniens Südküste.

STADTPALÄSTE [U D5]
Nachmittags zählt der Schatten des Obelisken die Fassaden der Ostflanke der *Plaça d'es Born* ab. Eine Reihe von Cafés, Andenkenläden und Restaurants findet man in den unteren Etagen der Paläste *Palau Torresaura, Palau Vivó* und *Palau Salort*, alle in *mares* gehalten, jenem atmungsaktiven, goldbraunen Sandstein, der in früheren Zeiten die Klimaanlage er-

setzte. Geführte Stadtrundgänge – u.a. zu den Palästen – bietet die Agentur *Viatges Magon* an *(Avda. Josep. A. Clavé, 28 | Tel. 951 35 13 00 | www.viajesmagon.com)*.

Nach Norden begrenzen den Platz der 1881 gegründete und Anfang der 1990er-Jahre renovierte *Cercle Artístic* und das *Teatre Municipal d'es Born*, das Stadttheater. Im „Kunstzirkel" ist Kunst zwar meist kein Thema, zur Tagespolitik nimmt man jedoch gern und bisweilen lautstark Stellung. Nebenan, im Theater, werden Filme vorgeführt, spielt man Theater und gibt es gelegentlich eine Musikveranstaltung. Gegenüber findet man die Hauptpost, etliche Bars und die Klosterkapelle *Sant Francesc*, 1627 anstelle eines älteren, von Piraten zerstörten Gotteshauses errichtet.

■ ESSEN & TRINKEN ■
CA'N NITO [U C4]
Bar mit Tapas und angeschlossenem Restaurant. Kein kulinarisches Highlight, aber solide spanische Küche zu fairen Preisen. Das Tagesmenü zu studieren lohnt oft! *Plaça des Born, 11 | Tel. 971 48 07 68 | €*

CASA MANOLO [U C4]
Wohl das bekannteste der Hafenrestaurants. Die Küche bietet vorzüglichen Fisch vom Grill. *C/. Marina, 117 | Tel. 971 38 00 03 | €€–€€€*

ES LLOC [0]
Restaurant im Hotel *Sant Ignaci*, das in einem fein restaurierten Herrenhaus aus dem 18. Jh. residiert. Die gute Küche bietet Mittelmeerspezialitäten mit menorquinischen Nuan-

cen. *Ctra. Cala Morell (hinter dem Industriegebiet links) | Tel. 971 38 55 75 | €€€*

LA GUITARRA [U D4]
Laut Gabriel, dem Besitzer, wird hier regionale Hausmacherküche gepflegt; es kocht die Frau Mama, und zwar schmackhaft bis deftig. Fleischgerichte bilden das Gros des Speiseplans. *C/. Dolores, 1 | Tel. 971 38 13 55 | So geschl. | €€–€€€*

PA AMB OLI [U C5]
Informell und zwanglos. Hier bekommt man leckere *pa amb olis*, das typische Balearen-Landbrot mit Olivenöl, Tomate, Knoblauch und Belag

>LOW BUDGET

nach Geschmack. *Nou de Juliol, 4 | Tel. 971 38 36 19 | € – €€*

PANADERÍA ES BORN [U D4–5]
Bäckerei mit allerlei Schlemmereien rund um Käse und Teigwaren für den kleinen Hunger. *Plaça des Born, 23 | keine Tischreservierung*

SA FIGUERA [U C4]
Fisch im Salzmantel, frischer Hummer, Krabben … Hier wird Liebhabern von Fisch- und Meeresfrüchten einiges geboten. Die Küche genießt einen guten Ruf. *C/. Marina, 99 | Tel. 971 38 21 12 | €€€*

■ EINKAUFEN ■

CA NA RIERA [U E5]
Menorca-Käse, *sobrasada* und andere inseltypische Produkte. *C/. de L'Hospital de Sta. Magdalena, 7*

CASA MOLL [U E5–6]
Hier kann man sich mit Kuchen, Gebäck und Süßigkeiten aller Art versorgen. *C/. de Maó, 8*

JAP – ARTÍCULOS TÍPICOS [U D4]
Typische Menorca-Mitbringsel, vor allem Lederwaren, in einem angenehmen kleinen Laden nahe dem Hafen. *Baixada Capllonch, 12*

LUXOR [U E5]
Alles, was man zum Aufbrezeln benötigt: Modeschmuck in allen Farben, Formen und Materialien, auch Gürtel und Taschen. *C/. de Maó, 2*

PACHAMAMA [U C4–5]
Bezahlbare Accessoires: kunsthandwerklicher Modeschmuck und Strass. *Pl. des Born, 28*

PASTISSERÍA CA'N MOLL [U D5]

Hausgemachte Bonbons und leckerer Kuchen nach eigenen, oft recht eigenwilligen Rezepten. *C/. Roser, 1*

PATRICIA [U D5]

Schöne Ledersachen aller Art – Schwerpunkt Kleidung, Gürtel, Ta-

■ ÜBERNACHTEN ■

CIUTADELLA [U E6]

Einfache Hostal-Residencia mitten im Zentrum, viele Zimmer mit Bad; das hauseigene Restaurant bietet eine ordentliche Küche. *17 Zi. | C/. Sant Eloi, 10 | Tel. 971 38 34 62 | ganzjährig | €–€€*

Der Name ist Programm: Pa amb Oli, „Brot mit Öl", heißt die Bar im Carrer Nou de Juliol

schen, Schuhe – gibt es nicht nur hier im Laden *(C/. des Seminari, 40)*, sondern auch und z.T. günstiger ab Fabrik an der Landstraße nach Süden *(Ctra. de Santandría)*.

SES INDUSTRIES [U E4–5]

Gute Adresse für Feinschmecker: Würste, Streichwürste *(sobrasadas)* und Käse, auch große Auswahl an Wein und Spirituosen. *C/. Santa Clara, 4*

HESPERIA PATRICIA [U B3]

Drei-Sterne-Hotel, ruhige Lage in schattiger Allee am Hafenfjord, nur wenige Minuten zum Stadtzentrum. Pool im Innenhof. *44 Zi. | Passeig de Sant Nicolau, 90 | Tel. 971 38 55 11 | Fax 971 48 11 20 | www.hesperia-patricia.es | €€–€€€*

MENURKA [U E6]

Hostal in Zentrumsnähe, einfach, aber modern und sauber; die günstigste

Unterkünfte direkt in Ciutadella. *21 Zi. | C/. Domingo Savio, 6 | Tel. 971 38 14 15 | Fax 971 38 12 82 | www.menurka.com | €– €€*

■ FREIZEIT & SPORT ■

BOOTSTOUREN

Küstenrundfahrten mit den *Rutas Marítimas de la Cruz* führen zu entlegenen Stränden und Badebuchten, die anders oft kaum erreichbar sind. Die Glasbodenboote fahren die West- und einen Teil der Südküste ab. Tagestouren führen in den Südwesten über *Cala en Bosc* und *Arenal de Son Saura* bis *Cala Galdana;* im Sommer mit Badepausen. Die Boote stechen im Sommer *tgl. um 10 Uhr* in See; Rückkehr gegen *17 Uhr.* Abfahrt im Hafen von Ciutadella vor dem Restaurant *Sa Figuera.* Kartenvorverkauf in mehreren Geschäften am Hafen. Auskunft: *Tel. 670 21 43 22*

SEGELN [0]

Von der Jolle bis zur Yacht kann man Boote aller Klassen mieten bei *Sports Massanet | Motonáutica, C/. Marina, 66 | Tel. 971 48 21 86 | www.menorca boats.com.*

TAUCHEN [U C3–4]

Die Westspitze Menorcas bietet eine abwechslungsreiche Unterwasserwelt und ein breites Angebot an Tauchbasen. Auskunft: *Sports Massanet | C/. Marina, 66 | Tel. 971 48 21 86 | www.menorcaboats.com*

TENNIS [0]

Öffentlicher Tennisplatz mit Flutlicht: *Club de Tenis Ciutadella | Torre del Ram | Tel. 971 38 84 56.*

■ AM ABEND ■

Mit einem herzhaften *pa amb oli* für den Start in die Menorca-Nacht beginnen die Einheimischen gern im *Sa Llesca (Pl. d'Espanya),* im *Sa Persiana (Plaça d'Artrutx)* oder im *Sa Barreta (Ses Voltes). Danach* schaut man im schön renovierten und viel besuchten *Imperi (Pl. d'es Born)* vorbei.

Groß in Mode sind die Nachtbars in der Hafenverlängerung, *Es Pla de Sant Joan.* Wo noch vor Jahren Fischer ihre *llauts* an Land zogen, um sie im Schatten der Bootsschuppen neu zu streichen, blinkt heute fahles Neonlicht. Hier einige der klangvollsten Adressen: *Jazzbah,* das *Esfera* mit einer Mischung aus Bar und Disko mit überwiegend menorquinischem Publikum, *Es Glop, L'Herba,* das *Costa Este* und die Diskothek *Splash.* Ein weiteres Epizentrum liegt in Ses Voltes und

Feiner, weißer Sand und viel Platz: Arenal de Son Saura

den umliegenden Gassen. Hier sind ruhigere Bars und Pubs zu finden wie *El Arco, La Moncloa* und das schon früh geöffnete *Ca'n Magí*.

Eine der großen Diskotheken im Inselwesten, mit elegantem Outfit, viel Licht, tollen Lichteffekten, gemischter Musik, gemischtem Publikum und im Sommer einer Reihe von Liveveranstaltungen, ist das *Anchors* im Stadtteil *Son Oleo*. Das *Es Clau (C/. Marina, 89)*, ebenfalls mit gemischtem Publikum, ist einer der Startpunkte für die Menorca-Nacht.

Bei lateinamerikanischen Klängen fischt der betuchte Menorquiner im ▶▶ *Asere (C/. Capllonch, 15 | an der Hafenmole)* bei tropischen Drinks nach unerschrockenen oder unerfahrenen Menorca-Besucherinnen. Im *Es Molí d'es Comte (Pl. Alfons III)*, obwohl auch nachmittags geöffnet, wird es erst nachts richtig lebendig. Übrig gebliebene Nachtschwärmer beschließen die *marcha* im Morgengrauen mit den Fischern, die ihr Tagwerk im *Triton* (an der Hafenmole) beginnen.

■ AUSKUNFT ■

OFICINA DE INFORMACIÓN TURÍSTICA [U D5]
Plaça de la Catedral | Tel. 971 382693

■ BUSSE ■

Die Bushaltestelle für die Fahrt nach Maó: *C/. Barcelona, 8; Verbindungen* mehrmals tgl., die Frequenz ist stark saisonabhängig. Auskunft: *Tel. 971 380393* (auf Spanisch) oder bei der Tourismusinformation. Außerdem verbinden Linien Ciutadella *(Pl. d'es Pins)* mit Cala Santandria, Cala Blanca und Cala en Bosc, ferner mit Cala en Blanes, Cala en Brut, Los Delfines und Cala en Forcat.

■ ZIELE IN DER UMGEBUNG ■

ARENAL DE SON SAURA [116 C5]
Diese windgeschützte Bucht mit zwei Stränden, die durch eine kleine Landzunge getrennt sind, mit feinem, weißem Sand und Pinien im Hintergrund ist ideal für einen Strandtag. Doch Vorsicht: Im Rund der Bucht bilden sich bisweilen Strömungen. Um hierher zu gelangen, nimmt man von Ciutadella aus den Camí de Sant Joan de Missa bei der gleichnamigen weißen Landkirche und biegt bei Son Vivó rechts ab, am alten, quadratischen Turm Torre Saura Vell vorbei. Die Zufahrt zum Strand ist gebührenpflichtig. Besonders die Ciutadeller haben für Son Saura eine Vorliebe entwickelt. Wenn der lange Sandstrand schon belegt ist, lohnt der Fußmarsch ostwärts. Nach der Überquerung der Felsnase *Punta d'es Governador* (ungefähr 500 m) stößt man auf die nächste, erheblich kleinere Bucht, die *Cala d'es Talaier*. Der Sand ist ockerfarben; auch hier gibt ein Pinienhain Sonnenschutz.

CALA BLANCA [116 B4]
Der Name bezeichnet zum einen die Feriensiedlung (ca. 4 km südlich von

Ciutadella) – ohne besondere Auffälligkeiten gegenüber vergleichbaren Orten der Insel – und zum anderen die am Südrand der Ortschaft gelegene Bucht. Diese verdankt ihren Namen („Weiße Bucht") dem strahlend hellen Sand, der im Hintergrund vom Grün eines kleinen Pinienhains eingerahmt wird. Links und rechts des Strandes sind die Küstenfelsen mit Restaurants und Bars besetzt, die sich weniger durch erlesene Mahlzeiten als durch ihre hervorragende Lage hervortun. Der ☀ Ausblick auf romantische Sonnenuntergänge ist hier für die Mehrzahl der Menorca-Abende garantiert. Für Kinder gibt es eine Wasserrutsche im Ort. Unweit der Bucht ist die *Cova de Parella* zu finden, bekannt für ihren Reichtum an Tropfsteinen und einen kleinen, unterirdischen See.

An der Landstraße nach Cap d'Artrutx, kurz vor Cala Blanca, liegt *Es Caliu*, eine Mischung aus rustikalem Beachclub und Drive-in, mit Pool, Grillspezialitäten am Abend und immer noch sehr fairen Preisen *(Tel. 971 38 01 65 | €–€€)*.

CALA EN BOSC [116 B5]

Von der Siedlung Cap d'Artrutx aus gelangt man ins nächste Ferienparadies, die Cala en Bosc. Auch hier wird zwar nur architektonischer Durchschnitt geboten, mehr dem Nutzen als der Ästhetik folgend, aber mit vorgelagertem Strand, feinem weißem Sand, oft klarem Meerwasser. Das gesamte Gebiet zwischen Cap d'Artrutx und Son Xoriguer fährt der *Minitren* ab, ein Bähnchen auf Gummireifen. Boote und Yachten vermietet *P&F (Tel. 610 26 12 91)*. Die

Wassersportschule *Surf & Sail (am Strand Son Xoriguer | Tel. 629 74 99 44)* führt im Sommer Windsurf- und Segelkurse durch.

CALA D'ES DEGOLLADOR [116 B3–4]

Seinen schön schauerlichen Namen („Bucht des Halsabschneiders") verdankt der Landeinschnitt rund 500 m südlich der Hafeneinfahrt von Ciutadella nicht etwa den Strandverkäufern, die überteuerte Getränke anbieten, sondern einem blutigen Piratenüberfall vor langer Zeit. Der kleine Strand wird hauptsächlich von den Einwohnern Ciutadellas zum Baden genutzt.

CALA EN FORCAT [116 A3]

Westlich von Ciutadella ist eine Ferienstadt aus dem Küstenfels gewachsen. Die Siedlungen *Cala en Blanes, Cala en Forcat* und *Cala en Brut* haben sich mit der Siedlung *Los Delfines* so eng verzahnt, dass kaum zu ermitteln ist, wo welche Ortschaft aufhört. Die Küstenlinie ist mit einer Anzahl von Villen mit traumhaftem Meerblick besetzt.

Jede der Buchten hat zumindest einen kleinen Strand. Der geräumigste ist jener der *Cala en Blanes* mit etwa 50 m Breite. Weite, menschenleere Strände sucht man hier vergebens. Auffällig sind die Meerwassergeysire, die am Westrand der *Cala en Forcat* kleine Fontänen in den Himmel blasen. Diese *bufadors* sind aber nicht auf vulkanische Aktivitäten zurückzuführen, sondern auf ein Höhlen- und Röhrensystem, das auf Wasserdruck reagiert. Ein Hoteltipp: das *Almirante Farragut*, gediegenes Drei-Sterne-Haus der gehobenen Mittelklasse mit solidem Service und komfortablen Zimmern *(472 Zi. | Tel. 971 38 80 00 | Fax 971 38 81 07 | www.infotelecom.es/hotelalmirante farragut | Mai–Okt. | €€–€€€).*

te. In den Uferfelsen findet man einige prähistorische Grotten. Nach Westen zweigt ein Fußpfad ab zur *Cala Macarelleta,* wohin sich Nudisten zurückziehen.

Die phantasievoll gestaltete Höhlenwohnung in der Cala Santandria kann besichtigt warden

CALA MACARELLA ⭐ [117 D5]

Klares, türkisfarbenes Wasser, eingefasst in einen Ring aus grauem Kalkstein, im Hintergrund der Sandstreifen und ein kleines Feuchtbiotop, in dem früher Schildkröten lebten: Menorcas Vision vom Paradies. Der Zufahrtsweg ist lang, steinig und gebührenpflichtig (5 Euro pro Auto), und der Strand lässt leider manchmal die gewünschte Sauberkeit vermissen. Nicht selten häuft sich Strandgut am Ufer, und im Wald liegen Picknickabfälle. Zurzeit versorgt nur eine in den Pinien versteckte Bar mit schlichtem Speiseplan die Strandgäs-

CALA PAREJALS [116 B5]

Hierher kommen vor allem Sonntagsangler aus Ciutadella zum Fischen, und Taucher erkunden die abwechslungsreiche Unterwasserwelt. Zugang über einen Küstenpfad von der *Platja de Son Xoriguer.*

CALA SANTANDRIA [116 B4]

Ein Pionierzentrum der auf Menorca noch relativ jungen Tourismusindustrie. Viel nackter Fels, viele Bauwerke, Hotels, Bars, Villen, Restaurants – und wenig Grün. Der Strand ist weiß und eher grobkörnig. Den Eingang der Bucht bewacht ein alter britischer

Insider Tipp

Wehrturm aus dem 18. Jh. Interessant ist vor allem jene Höhle, die dem Bildhauer und Ortsoriginal Nicolau Cabrisas als Wohnung und Werkstatt dient und die er in vielen Jahren in seine persönliche Vision der Realität umwandelte; die Wände der Behausung sind mit Masken, Gesichtern und Figuren übersät.

Ein freundliches, kleines Familienhotel, das zudem den Vorteil hat, gleich am Strand zu liegen, ist das *Bahia (15 Zi. | Tel. 971 38 26 44 | Fax 971 48 27 04 | www.bahia-poseidon. de | €€)* mit der Tauschschule Poseidon. Ebenfalls in unmittelbarer Meeresnähe befindet sich das Restaurant *Sa Nacra*, das internationale Küche bietet *(Urbanización Sa Caleta | nahe Hotel Prince | Tel. 971 38 62 06 | Mai–Okt. | €€)*; es ist in einer natürlichen Höhle untergebracht.

Im ▶▶ Nachtclub *Pedro's (D'en Clates)* wird von Mai bis September allnächtlich ein Feuerwerk aus Lasershows und Karaoke, Flamencoeinlagen und Schaumpartys abgebrannt.

CALA EN TURQUETA ★ [116 C5]
Mit der Cala Macarella ist sie zum Inbegriff der Traumbuchten im Süden Menorcas geworden. Zufahrt ab Ciutadella über den Camí de Sant Joan de Missa, am Abzweig bei Son Vivó links. Nach rund 5 km gabelt sich der Weg; links kommt man zur Cala Macarella, rechts zur Cala En Turqueta. Die Parkplätze sind am Wochenende oft belegt.

NAU DES TUDONS ★ [116 C3]
Das bekannteste prähistorische Grab der Insel und wahrscheinlich das älteste bekannte Bauwerk Europas.

Die mächtigen Sandsteinquader wurden vor ca. 3400 Jahren zusammengefügt und ab 1959 restauriert. Dabei fand das Ausgrabungsteam Schmuckstücke und Reste menschlicher Knochen, was den Gedanken an eine (geplünderte) Grabkammer nahe legte. Der Innenraum der *nau* (spanisch *naveta)* ist in zwei Etagen aufgeteilt. Um das Bauwerk rankt sich eine Legende: Zwei Titanen sollen um eine Dame gestritten haben. Als Liebesbeweis sollte der eine einen zweigeschossigen Turm bauen, der andere einen Brunnen graben, bis er auf Wasser stieße. Das Grundwasser floss zuerst. Das erzürnte den anderen Titanen so sehr, dass er einen gewaltigen Stein aus seinem Turm brach (das heutige Eingangsloch) und auf den Brunnenbauer warf. Der Bösewicht ertränkte sich im Brunnen, die Dame starb an gebrochenem Herzen. Der Brunnen ist unter dem Namen *Pou de Sa Barrina* heute noch bekannt.

PUNTA NATI ☀ [116 B2]
Einige Schafe suchen hier nach Kräutern, die aus dem zerklüfteten Fels sprießen. Im Frühjahr nehmen auch Einwohner Ciutadellas die holprige Anfahrt zum Leuchtturm auf der Punta Nati in Kauf *(Avda. Francesc B. Moll)*. Kapern sucht man dann am Kap, die dort im Schatten der Mauern wachsen. Das trostlose Kap wird seit 1913 von einem Leuchtturm gekrönt. Von hier aus hat man eine phantastische Sicht auf das Meer, auf den zerklüfteten Küstenstreifen und auf zwei Buchten im Osten, die *Cala es Pous* und die *Cala es Morts* („Totenbucht"). Dieser Name rührt daher,

dass im Winter 1910 ein französisches Passagierschiff vor der Bucht auf die Klippen geschleudert wurde und sank. Von den 150 Menschen an Bord überlebte damals nur ein junger Franzose das Unglück, von dem heute noch ein Kreuz und das geborstene, rostende Metallgerippe des Schiffswracks erzählen.

SON CATLAR [116 C4]

Bevor man auf der Fahrt von Ciutadella hierher (Strecke wie bei Arenal de Son Saura beschrieben) den Turm *Torre Saura Vell* erreicht, sieht man links das größte prähistorische Siedlungsgebiet der gesamten Balearen. Über 6 ha verstreut und mit einer teilweise verfallenen Schutzmauer umgeben, liegen hier Zisternen, Grundmauern von Wohnräumen, fünf Steintürme *(talaiots)* und das zentrale Heiligtum, die *taula*. Das Alter der Anlage ist unbekannt. Sicher ist nur, dass sie bis zum Ende der römischen Besatzung bewohnt war. *Eintritt 3 Euro*

TORRE LLAFUDA [116–117 C–D3]

Märchenhaft, fast unheimlich wirkt diese große prähistorische Siedlung, der heute ein sich ausbreitender Steineichenhain langsam den Platz streitig macht. Auch hier gibt es Räume, Kammern, künstliche Höhlen, Zisternen, ein Steinturm und eine *taula,* Insider Tipp versunken im Schatten der Bäume. *Anfahrt über die Landstraße Ciutadella–Maó, km 37, rechts, nach etwa 250 m*

Nau des Tudons – vermutlich das älteste noch erhaltene Bauwerk Europas

> AUF DEN SPUREN VON TALAIOTS, TAULES UND TANQUES

Begegnungen zwischen türkisblauem Meer und dunkler Geschichte

Die Touren sind auf dem hinteren Umschlag und im Reiseatlas grün markiert

1 URWÜCHSIGE, GESCHÜTZTE NATUR

Eine Rundfahrt durch den Ostteil der Insel, wo sich die Landschaft von ihrer ursprünglichen Seite zeigt; fast die gesamte Strecke verläuft durch Naturschutzgebiete. 1 Tag, rund 70 km

Ausgangspunkt Ihres Tagesausflugs ist Maó (*S. 34*). Croissants und dampfender *Cafè amb llet*, so sieht das mediterrane Frühstück aus, das im *Amadeus* neben einem kräftigen *British breakfast* serviert wird. Das Café liegt an der Plaça de S'Esplanada neben dem Burger King. Von hier aus erreichen Sie über die Avinguda Josep Maria Quadrado die Carretera de Ciutadella. Am nächsten Kreisverkehr zweigt rechts die stillere Ronda de Sant Joan ab, die linker Hand in die Landstraße nach Fornells übergeht. Schon hier wird die Landschaft ruhiger, grüner, friedlicher.

Bild: Es Mercadal, im Hintergrund der Monte Toro

AUSFLÜGE & TOUREN

Alle Wege zur Rechten führen irgendwann ans Meer; der nach Es Grau ist ausgeschildert. Nach etwa 3 km kommt **Shangri-La** in Sicht. Die Ferienhaussiedlung ohne Zukunft umlagert den südlichen Teil der **S'Albufera d'Es Grau** (*S. 54*), jenes Gebiet, das in der Gründungsakte der Unesco vom Oktober 1993 als das Herzstück des Biosphärereservats Menorca umrissen wurde: 67 ha Feuchtbiotop, ein Ökosystem, das menschlichen Eingriffen entzogen bleibt. Enten, Gänse und Reiher sind hier zu Hause, aber auch seltenere Arten wie Fischadler und Königsreiher. In einer Unzahl von Mückenlarven und anderen Insekten finden sie ein reiches Nahrungsangebot.

Sie fahren zurück zur Hauptstraße und weiter in Richtung Fornells. Etwa 2–3 km nach der Ermita de Fàtima biegt rechts die Straße zum **Cap de Favàritx** (*S.55*) ab. Zunächst säumen

Felder und üppiges Grün die schmale Asphaltstraße, doch mit jedem Kilometer wird das Landschaftsbild stiller, eintöniger. Auch die Büsche, die den Weg begleiten, ducken sich immer tiefer. Irgendwann ist nur noch dunkler Schiefer zu sehen. Einsam ragt der Leuchtturm von Favàritx aus dieser fast abweisenden, kahlen Landschaft heraus. Parken können Sie an der Bucht von S'Escala gegenüber dem Leuchtturm. Für einen Badestopp bieten sich bei ruhiger See in nächster Nähe zwei kleine Sandbuchten an: die **Cala Presili** und die etwas größere **Cala Tortuga**, beide für gewöhnlich nur schwach besucht.

Erfrischt zurückgekehrt zur Landstraße Me-7 in Richtung Fornells, verspüren Sie jetzt wahrscheinlich erste Esslustgefühle. Um diese zu befriedigen, empfiehlt sich die Einkehr auf dem ehemaligen Landgut und heutigen Freizeitpark **Hort de Llucaitx** (*S. 102*) an der Abzweigung nach Son Parc. Dort gibt es Picknick- und Grillplätze sowie ein Restaurant mit bodenständigen Gerichten (*€– €€*).

Falls Ihnen hingegen beim Gedanken an eine *caldereta de langostas* - nur echt in der Tonschüssel – das Wasser im Munde zusammenläuft, sollten Sie Ihren Hunger bis **Fornells** (*S. 51*) bezähmen. Dort, direkt am Rand der großen Salzwasserlagune, in deren stillem Wasser sich die Fischerboote spiegeln, liegt das **Es Pla** auf einer befestigten Landzunge (*€€*, Mittagsmenü). Die Zeit für einen Spaziergang durch den 800-Seelen-Ort sollten Sie sich nehmen. Ein Kaffee in der Bar *La Palma* oder im *S'Algaret* rundet den Besuch ab.

Wenn die Sonne noch hoch am Himmel steht, sollten Sie von Fornells aus einen Abstecher machen zu der ehemaligen römischen Siedlung bei **Sa Nitja**. Dazu fahren Sie zunächst in Richtung Es Mercadal und folgen

Ordentlich aufgereiht liegen die Fischerboote im Hafen von Fornells

nach etwa einem Drittel der Strecke rechts dem Schild mit der Aufschrift „Far de Cavalleria". Eine relativ neue Straße führt direkt zum **Cap de Cavalleria** (*S. 55*) an der Nordküste, vorbei an den Häusern von Santa Teresa (rechts), in denen seit einigen Jahren das **Ecomuseu de Cap de Cavalleria** Aufschluss über die römische Besiedlung gibt. Ein schönes Café unter Pinien lädt zur Rast. Außer den römischen Siedlungsspuren beeindrucken die Verwunschenheit und die Stille des Ortes. Im 2. Jh. n.Chr. noch unter den drei großen Städten der Insel geführt, war Sanicera vier Jahrhunderte später aus den Aufzeichnungen verschwunden.

Sie fahren weiter über die Landstraße in Richtung Es Mercadal. Die fast steppenartigen Hügelrücken der Nordküste werden bald durch Kiefernhaine verdrängt, die dann den üppigen Weideflächen des Inselzentrums Platz machen. Am Ostrand von Es Mercadal führt eine schmale Asphaltstraße den kahlen **Monte Toro** (*S. 57*) hinauf. Nach einigen Serpentinen sind Sie auf 357 m Höhe. Hier oben, vom „Dach Menorcas", genießen Sie einen phantastischen Panoramarundblick. Im Norden gewahren Sie bei ruhigem Wetter als gleißenden Spiegel die weite Bucht von Fornells; mit Ausnahme der Gegend um Son Parc steht der gesamte Landstrich unter Naturschutz. Westwärts erstreckt sich grünes, wellenförmiges Gelände, ebenfalls weithin Naturschutzgebiet. Nach Süden hin heben sich die dunkleren *barrancs*, fruchtbare Sturzwassergräben, die der Regen aus dem weichen Kalkstein gewaschen hat, von ihrer Umgebung ab.

Dahinter verlieren sich Himmel und Meer in der Unschärfe. Südostwärts ist Alaior auszumachen, in östlicher Richtung sind die Albufera d'Es Grau und das Cap de Favàritx zu erkennen. Die Landschaft dazwischen ist wiederum größtenteils seit 1992 gesetzlich geschützt.

Nach Es Mercadal zurückgekehrt, sind Sie mit dem Wagen in ungefähr 30 Min. wieder in Maó.

2 GÖTTER, GRÄBER UND GESCHICHTE

Eine Spritztour im Zeitraffer durch die jahrtausendealte Geschichte Menorcas, zu frühen Heiligtümern und mittelalterlichen Festungsmauern. 1 Tag, ca. 80 km

Der Tagesausflug beginnt in **Ciutadella** (*S. 75*). Zur Stärkung genehmigen Sie sich ein nahrhaftes Frühstück, beispielsweise im *Triton* am Hafen oder im *Cercle Artistic* an der nördlichen Stirnseite der Plaça d'es Born. Dann geht's los.

Auf gut erhaltene Spuren längst vergangener Zivilisationen stoßen Sie schon bald hinter Ciutadella. Der Me-1 in Richtung Maó folgend, erblicken Sie nach ca. 4 km auf der rechten Seite ein Schild mit der Aufschrift **Naveta des Tudons**. Hier zweigen Sie ab, parken den Wagen und gehen 1 km geradeaus ins Feld. Dann stehen Sie vor der berühmten *nau* („Schiff", *S. 86*), so genannt, weil das Gebilde an ein kieloben liegenden Schiffsrumpf erinnert. Der eher unscheinbar anmutende steinerne „Kiel" ist eines der ganz frühen Zeugnisse menschlichen Bauens. Wahrscheinlich handelt es sich um Europas ältestes erhaltenes Bauwerk überhaupt.

Wieder auf der Hauptstraße, fahren Sie weiter in Richtung Ferreries. Rund 3 km vor dem Ortseingang (km 31,6) biegen Sie bei dem Wegschild „Camí Els Alocs" (Binisues) links ab. Nach 3 km kommen Sie zu einem verlassenen Landschulheim. Hier beginnt der Aufstieg zum **Castell de Santa Agueda**, das auf 260 m Höhe liegt; der wackersteinerne Weg ist in 30–60 Min. zu bewältigen. Wie die Festung vor gut 500 Jahren ausgesehen hat, zeigt ein Modell im Militärmuseum in Es Castell. Aber schon lange vorher diente der **Mons Jovis** der Antike („Jupiterberg") der Inselverteidigung, erst unter römischer, dann unter arabischer Flagge. Erstes Licht ins Dunkel der Jahrhunderte bringen Aufzeichnungen aus der Zeit der christlichen Rückeroberung: König Alfons III. ließ vermerken, dass die Spitze einer der wenigen Erhöhungen der Insel sich für eine Befestigung trefflich eigne. Daraufhin errichtete man eine kleine Wehrburg mit Kapelle, die auch den Bewohnern der umliegenden Höfe bei Piratenüberfällen als Zuflucht diente. Erst im 17./18. Jh. – die Regeln des Kriegshandwerks hatten sich derweil grundlegend verändert – verlor die Feste ihre strategische Bedeutung und geriet in Verfall. Dem mag auch eine Legende Vorschub geleistet haben, die besagte, dass auf der Bergkuppe ein zauberkräftiges goldenes Kalb (*vedell d'or*) vergraben sei. Generationen abenteuerlustiger Menorquiner haben mit Spaten und Spitzhacke, später sogar mit Dynamit nach dem Schatz gesucht – bislang ohne Erfolg. Zu sehen sind Reste der mittelalterlichen Wehrmauern. Ein hinreißender

☀ Panoramablick über Insel und Meer entschädigt für die Mühen des Aufstiegs.

Hat Ihnen das Unternehmen Appetit gemacht? Dann ist die Gelegenheit nah, dem Hunger abzuhelfen. Auf der Fahrt zurück zur Hauptstraße führt Sie ein Seitenweg zum Restaurant *Binisues*. Hier versprechen eine Ausstellung von Antiquitäten und traditionellen bäuerlichen Geräten, eine herrliche Lage und eine reiche Fischkarte (frischer Fang) ein Erlebnis für alle Sinne *(€€)*.

Wenn Ihnen jetzt der Sinn nach einem kleinen Abstand von der Inselhistorie steht, empfiehlt sich vielleicht eine Erholungspause am Meer. Dazu nehmen Sie im nahen Ferreries die Me-22 in Richtung Süden, die in **Cala Galdana** (S. 66) endet. Hier folgen Sie am Verkehrskreisel der Ausschilderung „Mirador de Sa Punta" und gelangen so zu einer Stelle, von der aus Sie eine prächtige Aussicht über die leider schon sehr verbaute Bilderbuchbucht haben. Familien fahren an die leicht zugängliche **Cala Mitjana** (S. 68; etwa 2 km zurück, rechts, ausgeschildert, Parkplatz). Unabhängige können sich die **Cala Macarella** (S. 85) erwandern (Fußweg an der Westseite der Bucht ab Hotel Audax, anfangs steiler Aufstieg, dann wird der Weg breiter, rund 2 km bis zum ersten Blick auf die Bucht). Es lohnt sich!

Der nächste Abstecher gilt der mittleren der drei großen geschichtlichen Epochen Menorcas, der Zeit der *taules* und der *talaiots*. Der Historiker Waldemar Fenn glaubt in den *taula*-Heiligtümern eine steinerne Uhr zur Bestimmung der Jahreszeiten ausgemacht zu haben. Jede größere

Siedlung besaß ein solches Heiligtum, auch die mächtigste aller vorgeschichtlichen Städte der Balearen, heute als **Torre d'en Galmés** (*S. 64*) bekannt. Sie erreichen sie über Ferreries und Alaior, wo sie kurz vor dem Ortseingang nach rechts in Richtung Son Bou abzweigen. Nach gut 2,5 km geht es links ab, nach weiteren 1,5 km

ihren einstigen Rang längst eingebüßt. Das Gelände ist gut zugänglich, aber unübersichtlich; Sie sollten sich deshalb etwas Zeit nehmen, um die ganze Anlage zu erkunden. Die beste Aussicht genießt man vom Hügel der *talaiots* aus. Der *taula* des Heiligtums fehlt übrigens der Schlussstein. Er wurde – vielleicht von römischen

Mittagsimbiss am Mirador de Sa Punta in der Cala Galdana

sind Sie am Ziel. Schon vor über 5000 Jahren soll dieser Platz besiedelt gewesen sein. Zu ihrer größten Ausdehnung, über eine Fläche von 62 000 m², und zu kultureller Blüte gelangte die Stadt ab etwa 1300 v. Chr. Damals dürften ungefähr 500 Menschen hier gelebt haben. 123 v. Chr. kamen dann die Römer. Obwohl Teile der Siedlung bis ins Mittelalter bewohnt waren, hatte sie

Inselbesetzern – für ein Grab zweckentfremdet. Dafür fand man bei den Ausgrabungen 1974, in einem Mauerriss versteckt, ein Metallfigürchen, das Imhotep, den ägyptischen Halbgott der Medizin, darstellt.

Nach **Ciutadella** zurückgekehrt, können Sie dort Ihr Wissen über Menorcas Geschichte im *Museu Municipal (C/. Portal de Sa Font)* und im *Museu Diocesà (C/. Seminari)* vertiefen.

EIN TAG AUF MENORCA

Action pur und einmalige Erlebnisse.
Gehen Sie auf Tour mit unserem Szene-Scout

RASANT IM SAND

9:00

Der knapp 3 km lange Strand von Son Bou hat die ideale Länge, um wach zu werden. Also: rein in die Joggingschuhe und einmal auf dem goldgelben Sand hin und zurück laufen. Dabei immer die Augen offen halten: Die historische Ausgrabungsstätte Basílica de Son Bou ist direkt nebenan! **WO?** *Platja de Son Bou, Son Bou*

10:00

COFFEETIME

Wach? Wunderbar! Nun geht es ins Café *Miramar!* Kaffee und eine frische *ensaïmada* bestellen. Das typisch balearische Schmalzgebäck mit Puderzucker zergeht förmlich auf der Zunge. Lebensart auf menorquinisch! Wie lecker! **WO?** *Cales Fonts, Es Castell*

HOCH ZU ROSS

11:00

Glück dem, der die Schönheit Menorcas vom Rücken eines Pferdes erleben darf. Schnelle Galopptouren oder gemütliche Spaziergänge – Profi oder Anfänger, jeder findet hier die richtige Gangart. **WO?** *Menorca a cavall, Finca Santa Rita in der Nähe von Es Mercadal | Kosten: ab 20 Euro | Anmeldung erforderlich unter Tel. 971 37 46 37 | www.menorcaacavall.com*

12:00

STYLISH SPEISEN

Die Gerichte im eleganten *Tast* sind einfach zu lecker! Bei exquisitem Stockfisch oder saftigem Lammrücken gerät man nicht nur angesichts der Speisen ins Schwärmen. Der Boden im ersten Stock besteht aus Glas, und auch das restliche Interieur hat echten Glam-Faktor! **WO?** *Plaça pare Camps, 21 | Es Mercadal | Reservierung unter Tel. 971 37 55 87*

24h

MANN IM OHR

14:00

Menorca ist ein riesiges Museum, das erkundet werden will! Per MP3-Audioguide erfahren Sie alle Geheimnisse über Ciutadellas Adel, Maós Stadthistorie oder die archäologische Geschichte der Insel. Und das Beste daran: Route und Audioführer können vorab ausgesucht und heruntergeladen werden, das Tempo der Führung bestimmen Sie selbst. Die modernste Art, Geschichte, Bräuche und Legenden der Insel zu erfahren! **WO?** | *Kostenloser Download unter www.inestur.es/audiomenorca*

17:00

FÜR ALLE SINNE

Beine baumeln lassen – und die Seele auch: im Wellness- und Spabereich des Fünf-Sterne-Hotels *La Quinta Beach*. Nach Aroma- oder Bachblütentherapie zur Massage wandeln und mit Scottish- und Vichy-Dusche der ultimativen Entspannung entgegenschweben. **WO?** *Avda. Son Xoriguer, s/n, Urbanización Son Xoriguer, Ciutadella | Kosten: ab 49 Euro | Anmeldung unter Tel. 971 05 50 04 | www.laquintamenorca.com*

DINIEREN WIE DIE KÖNIGE

21:00

Eine königliche Wahl treffen – und sich zum Dinner eine der Lieblingsspeisen der spanischen Königsfamilie schmecken lassen: Die *Caldereta de Llagosta*, die Langustensuppe, ist das erhabenste und bekannteste Inselgericht überhaupt! Im Restaurant *Es Port* schmeckt sie am besten. **WO?** *Avda. Gumersindo Riera, 5, Fornells | Reservierung unter: Tel. 971 37 64 03*

23:00

LET THE BEAT GO ON

Heiße Rhythmen, laute Trommeln und jede Menge Partypeople: in der Höhlenbar *Es Cau* mit Locals und Urlaubern das Tanzbein schwingen und mit einem Cocktail auf den Sieg beim Karaoke anstoßen. Die Nacht wird sicher lang, denn vor Tagesanbruch geht keiner heim! **WO?** *Cala Corb, Es Castell*

> ZU WASSER UND ZU LANDE

Wer im Urlaub nicht nur faulenzen möchte, hat hier alle Möglichkeiten: schwimmen, reiten, Tennis und Golf spielen, wandern oder Fahrrad fahren

> **Für Menorquiner gehört Sport zum täglichen Leben, schon die kleinen Insulaner gehen gerne auf Wandertouren und mindestens einmal pro Woche schwimmen, denn das Meer ist von Mai bis Oktober zum Baden geeignet. Das milde Mittelmeerklima lädt ganzjährig zu Outdooraktivitäten ein.**

Alle größeren Ortschaften verfügen über moderne Sporteinrichtungen, wie Sporthallen, Tennisplätze und Hallenbäder, ganz abgesehen von privaten Fitnessclubs. Auf den Plätzen der Orte sieht man die älteren Herren beim Boule-Spiel und in der Stammkneipe angeregt über das letzte Heimspiel des örtlichen Fußballclubs diskutieren.

Urlaubsgäste finden Sportanlagen wie Tennis- und Volleyballplätze, Minigolfanlagen, Fahrradverleih und Wassersportschulen fast immer im eigenen Feriengebiet an der Küste. Bei den Fremdenverkehrsämtern in

> *www.marcopolo.de/menorca*

SPORT & AKTIVITÄTEN

Ciutadella und Maó sind Listen mit den Sporteinrichtungen auf der gesamten Insel erhältlich. Nützlich ist auch die Broschüre „Menorca Activa", in der viele Sportangebote und Adressen aufgeführt sind.

Wer ein gutes Wellnessangebot im Hotel haben will, muss schon etwas tiefer in die Tasche greifen, denn entsprechende Einrichtungen findet man nur in den Vier- und Fünf-Sterne-Hotels.

■ FAHRRAD FAHREN ■

Obwohl Menorca auf den ersten Blick flach erscheint, spürt der untrainierte Biker bald die vielen Steigungen. Die Hauptverkehrsstraßen sind stark befahren, auch Fahrradwege gibt es nur wenige, und viele Nebenstrecken sind in schlechtem Zustand. In bestimmten Gegenden ist das Fahrradfahren dennoch angenehm. Dazu zählen besonders die westlichen und östlichen Inselteile rund um Ciutadella und

Maó. Fahrrad- und Mountainbikeverleiher findet man in diesen beiden Orten und in fast allen Feriensiedlungen.

Reiterglück: Ausritt am Strand

GOLF
Für Golfspieler ist Menorca kein Eldorado, denn es gibt auf der Insel nur einen einzigen Golfplatz. Der kompakte 18-Loch-Platz bei *Son Parc* bietet vor allem lange, schnelle Greens ohne große Schwierigkeiten auf einem leicht bewegten Gelände, umgeben von viel unberührter Natur. Lediglich das 1. und das 9. Loch werden durch natürliche Geländeeinschnitte kompliziert. Die Anlage ist ganzjährig geöffnet und bietet außerdem Gelegenheit zum Tennisspielen; ein Clubhaus mit Duschen, Bar und Restaurant gehört dazu. Der niedrigste *Green Fee* beträgt 45–65 Euro, die halbe Übungsstunde mit einem professionellen Trainer kostet ca. 40 Euro. Anfragen und Reservierung:

Urbanización Son Parc | Es Mercadal | Tel. 971 18 88 75 | Fax 971 35 95 91 | www.golfsonparc.com

REITEN
Mehr als ein Dutzend privater und öffentlicher Reitschulen bieten Unterricht und Ausritte an. Kindern stehen Ponyclubs zur Verfügung. Die meisten Reitschulen befinden sich im Inselinneren, einige Kilometer von den Ferienorten entfernt. Reitställe unmittelbar an der Küste gibt es in Cala en Bosc, einen Ponyclub in Sant Tómas. Listen mit Adressen sind bei den Touristeninformationen in Ciutadella und Maó erhältlich.

Die beiden Pferderennbahnen *Hipódrom Municipal (Ctra. Maó–Sant Lluís | Sa 18 Uhr)* und *Hipódrom Torre del Ram (Ciutadella | Urb. Torre del Ram | So 18 Uhr)* veranstalten jedes Wochenende Trabrennen.

SEGELN
Segelkurse werden in Fornells, Son Xoriguer und im Hafen von Maó angeboten. Größere Yachten oder Segelboote, auch mit Skipper, werden in den Häfen von Maó, Ciutadella, Fornells, Cala en Bosc und S'Algar angeboten. Beste Adresse: *Windsurf Fornells | Tel. 971 18 81 50 | www.windfornells.com*

TAUCHEN
Die Unterwasserwelt Menorcas lädt zum ⭐ *Tauchen* ein. Allerdings begeistert sie weniger durch ihren Fischreichtum als durch das klare Wasser, das eine weite Sicht ermöglicht, sowie durch die zahlreichen spektakulären Unterwasserhöhlen und die vielen Schiffswracks auf

SPORT & AKTIVITÄTEN

dem Meeresboden. Rund 20 Tauchschulen gibt es auf der Insel, viele davon unter deutscher Leitung. Schnupperkurse, komplette Taucherausbildung und tägliche Ausfahrten sowie Verleih von Taucherausrüstung gehören zum Standardprogramm der in den wichtigsten Feriengebieten und in größeren Häfen beheimateten Tauchbasen. Schönste Tauchbasis: *Tauchschule Poseidon im Hostal Bahia | Cala Santandria | Tel. 971 382644 | www.bahia-poseidon.de.*

TENNIS

Alle größeren Hotels besitzen eigene Plätze, auch Tennislehrer stehen meist zur Verfügung. Die öffentlichen Anlagen der Gemeinden sind Urlaubern ebenfalls zugänglich.

WANDERN & TREKKING

Viele Hotels halten für ihre Gäste Vorschläge für kleinere Wanderungen bereit. Wanderwege findet man auf der ganzen Insel, sie sind jedoch selten ausgeschildert. Oft stellen Mauern, verschlossene Tore und Stachelvegetation Hindernisse dar. Wander- oder Militärkarten (in den Buchhandlungen erhältlich) sind sehr hilfreich, aber auch nicht immer genau. Wandervereine und andere Institutionen veranstalten (meist in der Vor- und Nachsaison) Wanderungen, an denen auch Nichtmitglieder teilnehmen können (Ankündigung in der Tagespresse).

Vor Ort werden geführte Wanderungen von *Dia complert* (Tel. *609 67 09 96*), *Viatges Magón* (Tel. *971 35 13 00* | *www.viajesma gon.com*) und *Xauxa* (Tel. *971 154030*) organisiert. Toll sind die

Schluchtenwanderungen durch den **Insider Tipp** Barranc d'Algendar *(Club Aventura | Hotel Cala Galdana | Tel. 971 154500).*

WASSERSPORT

Favoriten sind neben Tauchen Windsurfen und Wasserski. Wasserski oder Paragliding werden in S'Algar und Cala en Bosc angeboten. Tretboote und kleinere Motorboote (ohne Bootsführerschein) stehen an den meisten Ferienstränden zur Verfügung. Kajaks kann man in Cala Galdana, Son Xoriguer, Es Grau und Fornells mieten. Besonders letztgenanntes Gebiet lädt zu Entdeckungsfahrten auf der stillen Wasserfläche der großen Bucht von Fornells ein. **Insider Tipp** Das größte Angebot hat *Surf+ Sail* am Strand von *Son Xoriguer* (Tel. *629 749944).*

Taucher haben hier klare Sicht

> WASSER, PFERDE UND ALTES GEMÄUER

Auf Menorca sind die Kleinen immer und überall dabei, und das gefällt den meisten gut

> Menorca ist eine kinderfreundliche Insel, die den Kleinen neben Sand und Meer zwar relativ wenig konkrete Vergnügungsmöglichkeiten bietet, dafür aber oft einen guten Service für Familien mit Kindern offeriert. So sind viele größere Hotels und Clubanlagen speziell auf Kinder zugeschnitten. Dort wird eine Kinderbetreuung angeboten, und ein Animationsteam sorgt für Spiel, Sport und Vergnügen.

Außerhalb der Hotels sind kindergerechte Anlagen dagegen seltener.

Zwar findet man in fast allen öffentlichen Grünanlagen einen Spielplatz, Wickeltische in Restaurants z.B. wird man aber vergebens suchen. In den meisten Restaurants an der Küste werden Kindermenüs angeboten. Fahrräder und Leihwagen können mit Kindersitzen gemietet werden.

Die kleinen Bimmelbahnen, die es inzwischen in allen größeren Feriensiedlungen gibt, sind eine unterhaltsame Fortbewegungsmöglichkeit und

Bild: Kartbahn in der Cala en Bosc

MIT KINDERN UNTERWEGS

das ideale Verkehrsmittel, um das eigene Urlaubsgebiet kennen zu lernen. Bei allen sommerlichen Patronatsfesten der Insel gibt es Veranstaltungen speziell für Kinder: Theater, Konzerte, Wettbewerbe, Sport, die meist in den späten Nachmittagsstunden stattfinden. Danach ziehen oft die Riesenpuppen aus Pappmaché *(gigantes* und *capgrossos)* durch den Ort. Das Festprogramm steht einen Tag vor Beginn der Festtage

in der Zeitung. Teil der Reiterfeste sind der Tanz der Pferde auf Plätzen und in engen Gassen. Aufgrund der Menschenmassen sind diese *jaleos* aber nicht ganz ungefährlich, besonders mit Kleinkindern und Kinderwagen sollte man sich nicht ins Gedränge begeben. Empfehlenswerter sind deshalb die *jaleos de ases* (Umzüge mit Eseln) in Ferreries und Es Migjorn Gran. Die meisten Kinder freuen sich auch, wenn Sie beim mitternächtlichen Feuerwerk dabei sein dürfen. Eine schöne Abwechslung können auch Bootstouren sein. Küstenfahrten mit Badepause mit der „Don Joan" ab Port de Maó (tgl. 10, 14.30 Uhr | Tel. 626 00 41 54). Badeausflüge gibt's auch ab Cala en Bosc mit der „Don Pancho" (Tel. 619 08 14 45), Ganztagstouren mit Strandaufenthalt ab Ciutadella (tgl. ab 10 Uhr | Auskunft am Hafen).

▇ MAÓ/OSTSPITZE ▇

FORT MARLBOROUGH ⭐ [121 E4]

Dunkle Gänge, flackerndes Kerzenlicht, Kanonendonner – die alte englische Festungsanlage versetzt Besucher mit Hilfe von Licht- und Geräuscheffekten in die kriegerische Zeit des 18. Jhs. zurück. Cala Sant Esteve | Tel. 971 36 04 62 | Juni–Okt. Di–Sa 9.30–20.30, So/Mo 9.30–15, April/Mai, Nov./Dez. Di–Sa 9.30 bis 15 Uhr, Jan.–März geschl. | Eintritt 3, Kinder 1,80 Euro

▇ TRAMUNTANA ▇

HORT DE LLUCAITX [118 B3]

Großer Landbesitz, auf dem Pferde und Ponys ausgeliehen werden können; Wanderwege, Spielplatz, Grillplätze. Ctra. Maó–Fornells, km 17 | Tel. 629 39 28 94 | tgl. 10–18 Uhr | 30 Min. reiten 18, auf Ponys 10 Euro, Ausritt (1 Std.) 30 Euro

▇ MIGJORN/INSELZENTRUM ▇

CENTRE DE LA NATURA DE MENORCA [117 E4]

Kleine Ausstellung, die jährlich wechselnd ein ökologisches Thema aufbereitet. Die Inhalte sind für Kinder konzipiert (Beschriftung nur auf Spanisch und Englisch). C/. Mallorca, 2 | Ferreries | www.gobmenorca.com | Mai–Okt. Di–Sa 10.30–13.30, 17.30–20 Uhr, Nov.–April nur Sa/So | Eintritt 3, Kinder 2 Euro

CLUB SANT JAUME [118 A6]

Der Freizeitpark mit Pool und Wasserrutsche, Rasenflächen mit Sonnen- und Schattenplätzen und Caférestaurant bietet Erwachsenen Ruhe und Kindern viel Spaß. Nebenan kann man sich im Labyrinth Amaze'n vergnügen. Urb. Sant Jaume | Mai bis Okt. tgl. 11–19 Uhr | Wasserpark Eintritt frei | Rutsche (2x) 1,50, Labyrinth, Spiele, Animation 7,50 Euro

SA FARINERA [118 A4]

Die alte Mehlfabrik (1905) ist heute ein Museum, in dem noch die alten Mehlsäcke, Maschinen und Werkzeuge zu sehen sind. Garten mit Spielplatz, Restaurant (Kindermenü). Ctra. Maó–Ciutadella, km 20 | Es Mercadal | tgl. 10–21.30 Uhr | Eintritt frei

SON MARTORELLET [117 E4]

Seit neue Betreiber die Anlage übernommen haben, weht ein frischer Wind im Stall. Gezeigt werden phantastische Pferdeshows; auch Stallbesichtigung möglich (Mo, Mi, Fr 18 bis 20 Uhr). Ctra. Cala Galdana, km 1,7 | Mai–Okt. Minishows Mi–Fr 15.30 Uhr, Abendshows nach Ankündigung | Minishow ab 10,75, Kinder ab 6,75 Euro, Abendshow ab 19,50, Kinder ab 11 Euro | Tel. 639 15 16 85 1 | www.sonmartorellet.com

▇ CIUTADELLA/WESTSPITZE ▇

AQUA CENTER [116 A3]

Der größte Wasservergnügungspark Menorcas bietet Wasserrutschen,

Whirlpool, Hüpfburg, Spielgeräte, Restaurant. *Urb. Los Delfines, nordwestl. von Ciutadella | www.aquacenter-menorca.com | tgl. 10.30–18.30 Uhr | Eintritt 17, Kinder 10 Euro*

AQUAROCK [116 B6]

Kleinerer Wasserpark mit Kartbahn. *Carreró Cova d'es Moro | Cala en Bosc | www.aquarockmenorca.com | im Sommer tgl. 10.30–18 Uhr | Eintritt 17, Kinder 11 Euro*

BINISUES [117 E3]

Altes Landgut mit Garten und Stallungen, in denen es für Kinder viel zu entdecken gibt. In den Wirtschaftsräumen ist Sattelzeug und landwirtschaftliches Gerät zu bestaunen. *Ctra. Ferreries–Els Alocs | Tel. 971 373728 | Mo–Sa 11–18 Uhr | Eintritt 3, Kinder 1,80 Euro*

PEDRERA DE S'HOSTAL ⭐ [116 B3]

Das halb unterirdisch gelegene Steinbruchmuseum bei Ciutadella, das aus einem alten Kalksteinbruch hervorgegangen ist, lockt zu Streifzügen, Picknick und Versteckspielen. Ein Labyrinth aus Kalksteinblöcken wurde speziell für Kinder angelegt. *Camí vell, km 1Ciutadella | www.lithica.es | tgl. 9.30–14.30, 17.30 Uhr bis Sonnenuntergang, So nur vormittags | Eintritt 4 Euro, Kinder frei*

SURF & SAIL [116 B5]

Windsurfen oder Segeln lernen, auf Wasserski oder der Wasserbanane über die Wellen gleiten: Wasserspaß nicht nur für Erwachsene. Spezielle Kinderkurse. *Aptdo. de correos, 257 | Urb. Son Xoriguer | Tel. 971 38 72 85 | Tel. 971 38 71 05 | www.surfsailmenorca.com*

Ein Bad im Meer steht auf der Hitliste der Kleinen natürlich ganz oben

> VON ANREISE BIS ZOLL

Urlaub von Anfang bis Ende: die wichtigsten Adressen und Informationen für Ihre Menorca-Reise

ANREISE

FLUGZEUG

Nur rund zwei Flugstunden trennen Menorca von allen wichtigen Flughäfen Mitteleuropas. Die günstigsten Angebote findet man im Charter mit oder ohne Pauschalofferte sowie im Rahmen von Sonderangeboten der großen Reiseveranstalter, etwa „1–2-Fly"-Flüge. Aber auch Linienflüge (u.a. Condor direkt oder Iberia über Barcelona) verbinden das europäische Ausland mit dem Aeroport de Menorca.

AUTO

Anreise über Frankreich am besten auf der Autobahn A7 Dijon–Lyon– Nîmes durchs Rhonetal, dann auf der A9 nach Perpignan, bei Figueres über die Grenze nach Spanien und zur Fähre ab Barcelona oder Valencia. Autobahnen in Frankreich und Spanien sind gebührenpflichtig.

SCHIFF

Fähren gehen ab Barcelona dreimal wöchentlich, im Sommer häufiger, Zielhafen ist Maó *(ca. 8 Std.)*. Mit der Nachbarinsel Mallorca ist Menorca durch die Fährverbindungen Maó– Palma verbunden *(6–7 Std. | Trasmediterránea | Maó | Moll Comercial | Tel. 902 45 46 45 | Fax :9 71 36 99 28 | www.trasmediterranea.es)*. Weitere Verbindungen: Alcúdia–Ciutadella *(ca. 3 Std. | Iscomar | Tel. 902 119128)*, Alcúdia–Ciutadella/Maó *(Schnellboot mit Autobeförderung | Baleària | Tel. 902 16 01 80 | www.ba learia.com)* und Cala Ratjada–Ciutadella *(Schnellboot ohne Autobeförderung | Cape Balear | Tel./Fax 902 100444 | www.interilles.es)*. Reservierungen sind in der Sommersaison (Mai–Okt.) vor allem für Fahrten mit Pkw vom Festland her zu empfehlen.

■ AUSKUNFT ■

SPANISCHES FREMDENVERKEHRSAMT

– *Kurfürstendamm 63 | 10707 Berlin | Tel. 030/882 65 43*
– *Grafenberger Allee 100 | 40237 Düsseldorf | Tel. 0211/680 39 81*
– *Myliusstraße 14 | 60323 Frankfurt/ Main | Tel. 069/72 50 38*
– *Postfach 151940 | 80051 München | Tel. 089/53 07 46 11*
– *Walfischgasse 8 | 1010 Wien | Tel. 01/512 95 80*
– *Seefeldstrasse 19 | 8008 Zürich | Tel. 01/252 79 30*

Info und Hotelnachweis am Ort:

OFICINA DE INFORMACIÓN TURÍSTICA

– *Maó | am Busbahnhof und am Hafen (Moll de Llevant 2) | Tel. 902 92 90 15*
– *Ciutadella | Plaça Catedral, 5 und Casa de la Comandància (Moll Nord, s/n) | Tel. 971 38 09 27 |*

Hilfe und Informationen an Ort und Stelle geben nicht nur die beiden Tourismusbüros in Maó und Ciutadella, sondern auch der Infostand am Flughafen *(Ankunftshalle | nur im Sommer)*, das Büro am Hafen von Maó *(Moll de Llevant, 2 | Tel. 971 36 37 90)* sowie ein mobiles Hilfsbüro, das im Sommer jeweils für einen Tag die wichtigsten Ferienorte anfährt. Neu ist der Kultur-Informationsdienst der Stadtverwaltung von Ciutadella im Windmühlenmuseum *Molí des Comte*. Allgemeine Informationen: *www.tourspain.es*, *www.visitmenorca.com* oder über das Callcenter: *Tel. 902 92 90 15*

■ AUTO ■

Wenn nicht anders ausgeschildert, beträgt die *Höchstgeschwindigkeit* in Ortschaften 50, auf Landstraßen 80 km/h bzw., wenn diese mit einem mindestens 1,5 m breiten Randstreifen versehen sind, 100 km/h. *Anschnallpflicht* gilt auch für den Beifahrer und Mitreisende im Fond (wenn dort Gurte vorhanden sind). Für Mofas und Motorräder besteht Helmpflicht. Autofahrer müssen zwei reflektierende Westen und zwei Warndreiecke für den Pannenfall mitführen; die Benutzung des Handys ohne Freisprecheinrichtung ist dem Fahrer streng verboten. Mit Alkoholkontrollen ist mittlerweile immer häufiger zu rechnen; die *Promillegrenze* liegt bei *0,5*.

Man fährt auf Menorca mit einer gewissen mediterranen Nonchalance.

Das wird besonders deutlich vor Fußgängerüberwegen, die weitgehend ignoriert werden, und vor Ampeln, wo man gern noch bei Gelb/Rot durchrauscht.

Super, Diesel und Bleifrei *(sin plomo)* und auch Bleifrei Super oder Extra (98 Oktan) sind an elf Tankstellen zu haben: in Maó (3), Ciutadella (3), Alaior (2), Sant Lluís, Es Mercadal und an der Landstraße Maó–Fornells.

■ BANKEN & KREDITKARTEN ■

Banken und Sparkassen sind für gewöhnlich nur 9–13 bzw. 14 Uhr geöffnet, Wechselstuben in den Tourismusorten oft auch nachmittags. Geldautomaten sind zahlreich vorhanden. Kreditkarten sind durchaus üblich und werden von fast allen Boutiquen, Hotels und Restaurants akzeptiert.

■ BUSSE ■

Die meisten Reiseveranstalter verfügen über ein eigenes Transfernetz zwischen Flughafen und Unterkünften. Das öffentliche Verkehrsnetz wird von drei Unternehmen beherrscht: *TMSA (Tel. 971 36 04 75), Autos Fornells (Tel. 686 93 92 46)* und *Torres (Tel. 971 38 64 61)*.

■ CAMPING ■

Über Erlaubnis/Verbot befindet die jeweilige Gemeinde oder der jeweilige Grundstücksbesitzer. Von wildem Zelten ist unbedingt abzuraten. In den Naturschutzgebieten ist Campen verboten! Zwei Campingplätze gibt es: *S'Atalaia*, 3 km von der Küste entfernt, in einem Pinienhain zwischen Ferreries und Cala Galdana *(Land-*straße, km 4 | Tel. 971 37 42 32 | www.campingsatalaia.com | Mai–Okt.), und, neu und mit vielen Sportmöglichkeiten, Son Bou (Ctra. Sant Jaume, km 3,5 | Tel. 971 37 26 05 | www.campingsonbou.com | April–Okt.).

■ DIPLOMATISCHE VERTRETUNGEN

DEUTSCHES KONSULAT
C/. des Negres, 32 | Maó | Tel./Fax 971 36 16 68 | Mo–Fr 12–13.30 Uhr

ÖSTERREICHISCHES KONSULAT
Via Sindicat, 69 | Palma de Mallorca | Tel. 971 72 80 99 | Fax 971 72 84 27 | Mo–Fr 10–13 Uhr

SCHWEIZERISCHES KONSULAT
Gran Via Carlos III, 94 (Edificio Trade) | Barcelona | Tel. 933 30 92 11 | Mo–Fr 10–12.30 Uhr

■ EINREISE ■

Ein Personalausweis ist, auch wenn bei der Einreise aus Schengen-Ländern nicht mehr kontrolliert wird, gegebenenfalls notwendig bei Polizeikontrollen (Autofahrer, Diebstahl usw.); Reisepass geht auch.

■ FERNSEHEN ■

Fast alle Hotels verfügen auch über eine Satellitenschüssel mit Möglichkeiten zum Empfang deutsch- und englischsprachiger Sendungen.

■ FKK ■

Im Gegensatz zu den anderen Baleareninseln hat Menorca keinen FKK-Strand ausgewiesen. Oben ohne wird aber an allen Stränden geduldet. In kleinen, versteckten Buchten sonnen sich viele auch ganz hüllenlos.

PRAKTISCHE HINWEISE

GESUNDHEIT

GESUNDHEIT

Apotheken *(farmacias)* sind mit einem grünen Kreuz – meist als Neonleuchte – gekennzeichnet. Nach Geschäftsschluss ist der nächste Notdienst im Aushang genannt.

Im Krankheitsfall gilt die deutsche bzw. europäische Krankenversicherungskarte resp. eine Ersatzbescheinigung. Oft müssen ärztliche Leistungen dennoch bar bezahlt werden; dann unbedingt vom Arzt (auch für teure Medikamente oder zahnärztliche Behandlung) eine Quittung *(recibo oficial)* ausstellen lassen, die die meisten deutschen Krankenkassen durch anteilige Kostenübernahme anerkennen. In den Feriengebieten sind spezielle *centros médicos* auf Bedürfnisse, Verständigungsprobleme und die häufigsten Urlaubserkrankungen von Feriengästen vorbereitet. Den Zahnarzt findet man unter der Bezeichnung *dentista*. Vor Reiseantritt empfiehlt sich eine Schutzimpfung oder Immunglobulingabe gegen Reisehepatitis (Hepatitis A). Krankenwagen sind Tag und Nacht erreichbar unter *Tel. 061*.

INTERNET/WLAN

Offiziell sind nur etwa 5 regionale WLAN-Hotspots auf ganz Menorca gemeldet, die alle im Bereich von Maó und Es Castell angesiedelt sind. Davon sind mindestens zwei frei zugängig (im Hafengebiet von Maó). Eine Reihe von Lokalen (meist Cafés) und viele Hotels (fast immer im Aufenthaltsbereich) weisen dagegen kleine, lokal begrenzte WiFi-Zonen auf. Häufiger als z.B. auf dem spanischen Festland werden für die Nutzung allerdings Gebühren ver-

langt (3–6 Euro pro Tag). Informationen geben die Reiseleitung oder der Portier. Nützliche Websites:

www.visitbalears.com (Ibatur, Fremdenverkehrsamt der Balearen); *www.menorca-info.de* (deutsche Website mit aktuellen Infos); *www.menorca-web.de* (übersichtliche Website in Deutsch); *www.gobmenorca.com* (Umweltschutzgruppe GOB); *www.menorcaok.com* (Hotel- und Apartmentreservierung für alle Urlaubsgebiete Menorcas); *www.visit*

WAS KOSTET WIE VIEL?

> **KAFFEE**	**1,40–2,20 EURO**	
	für einen Milchkaffee im Café	
> **MENORCA-KÄSE**	**8,80–14,80 EURO**	
	Kilopreis im Laden	
> **WEIN**	**8–16 EURO**	
	Flasche im Restaurant	
> **ENSAÏMADA**	**1–1,80 EURO**	
	in der Bar/im Café	
> **BENZIN**	**1,20 EURO**	
	für einen Liter Super	
> **DISKO**	**15–25 EURO**	
	Eintritt am Abend	

menorca.com (knapper Inselüberblick); *www.travel.preisvergleich.de* (Preisvergleich aller bekannten Reiseveranstalter vor allem für Last-Minute-Flüge); *www.submenorca.de* (dt. Taucherseite); *www.tierhilfe-menorca.de* (Seite von Tierschützern mit Schwerpunkt Hund); *www.spanienwetter.de/menorca* (aktueller Wetterüberblick); *www.fruitofmenorca.com*

(auf dieser Website können typisch menorquinische Produkte wie Wein oder Käse online bestellt werden; der Versand erfolgt auch nach Deutschland).

INTERNETCAFÉS

Internetcafés sind dünn gesät. Bisher gibt es sie in Ciutadella *(Plaça des Pins, 37)*, Maó *(C/. Nou, 25)* und Es Mercadal *(Ave. Mestre Gari, 48)*.

MIETFAHRZEUGE

Autos kann man am Flughafen und in allen größeren Touristenorten leihen. Fahrräder findet man in fast allen Feriengebieten, Motorräder nur in Ciutadella und Maó. Preisvergleiche lohnen sich; die teuersten Vermieter sind die am Flughafen. Ein Twingo ist für 25–40 Euro pro Tag zu mieten, ein Peugeot 206 bzw. ein Renault Megane für 33–53 Euro/Tag, Versicherung inbegriffen. Angebote für Mietwagen finden Sie auch unter *www.autosmenorca.com*, *www.autosmaximo.com* oder *www.nuracar.com*.

POST

Das Porto für Briefe (bis 20 g) und Postkarten ins übrige Europa beträgt zurzeit 61 Cent. Briefmarken gibt es bei der Post und in allen mit den Nationalfarben gekennzeichneten Tabakläden; Poststellen sind nur vormittags (in Maó ganztägig) geöffnet. Hauptpostämter: *Alaior (C/. Forn, 1) | Es Castell (C/. Llevant, s/n) | Ciutadella (Pl. des Born, 5) | Maó (C/. Bonaire, 15).*

PREISE

Verglichen mit den Preisen auf dem Festland sind die auf der Insel etwas höher, besonders bei Lebensmitteln. Der Eintritt für Museen liegt bei 3–5 Euro, das Menü in einem mittleren Restaurant kostet 15–30 Euro.

WETTER IN MAÓ

Jan.	Feb.	März	April	Mai	Juni	Juli	Aug.	Sept.	Okt.	Nov.	Dez.
14	14	16	18	21	25	28	28	26	22	18	14
Tagestemperaturen in °C											
7	7	9	11	13	17	20	20	19	15	11	9
Nachttemperaturen in °C											
5	5	6	8	10	10	12	10	8	6	5	4
Sonnenschein Std./Tag											
9	8	8	7	5	3	1	3	6	11	9	12
Niederschlag Tage/Monat											
14	13	14	14	17	20	23	25	23	21	18	15
Wassertemperaturen in °C											

PRAKTISCHE HINWEISE

RADIO

Deutsche Welle über Kurzwelle: 49-m-Band, 6115 bzw. 6075 kHz, oder 31-m-Band, 9545 kHz, tagsüber

SPRACHE

Deutsch spricht fast niemand auf Menorca. Dafür kommt man mit Englisch gut weiter. Wer seine Gastgeber mit einigen Brocken *català* überraschen möchte, findet im Sprachführer ab S. 110 eine nützliche Hilfe. Zu beachten ist jedoch, dass der Dialekt *menorquí* einige Unterschiede zum Katalanischen aufweist.

STROM

Die Netzspannung ist in Hotels und Hostals überall 220 Volt. Probleme gibt es nur ganz selten bei älteren Installationen mit den Steckdosen; Adapter findet man in jedem Elektrogeschäft.

TAXI

Taxis bekommt man selbst in kleineren Ortschaften, zumeist an einem ausgewiesenen Taxistandplatz. Sollte am Ort keines bereitstehen, hilft die Taxizentrale weiter. *Maó: Tel. 971 367111 | Ciutadella: Tel. 971 48 22 22*

TELEFON & HANDY

Mehr und mehr mit der Magnetkarte (*tarjeta telefónica*), die in vielen Tabakläden, in Kiosken und Poststellen zu bekommen ist. Auslandsgespräche sind von jeder Telefonzelle mit der Aufschrift *Internacional* und von den *locutores públicos* (Telefonzentralen) aus möglich. Letztere bieten den Vorteil, dass erst nach Gesprächsende abgerechnet wird. Zum spanischen „Mondscheintarif" telefo-

niert man zwischen 20 und 8 Uhr, Sa, So und feiertags durchgehend.

Mit mitgebrachten Handys kann problemlos telefoniert werden. Allerdings läuft die Verbindung stets über den heimischen Provider, sodass Sie immer ein teures Ferngespräch führen, auch wenn Sie nur eine Nummer auf der Insel anwählen. Landesvorwahl Spanien *0034* (eine innerspanische Vorwahl gibt es nicht mehr), Deutschland *0049*, Österreich *0043*, in die Schweiz *0041* es folgt die Ortsvorwahl ohne Null, dann die Nummer. *Telefonauskunft*: national *11818*, international *11825*

TRINKGELD

Faustregel: 5–10 Prozent des Rechnungsbetrags für Dienstmädchen, Kellner und Portiers. Aber auch Taxifahrer, Platzanweiser und Fremdenführer freuen sich über ein Trinkgeld.

ZEITUNGEN

Alle wichtigen bzw. auflagenstarken deutsch- und englischsprachigen Tages- und Wochenzeitungen sind auch auf Menorca zu haben, meist allerdings mit einem oder zwei Tagen Verspätung. Eine deutschsprachige Urlauberzeitung gibt es nicht.

ZOLL

Für EU-Bürger gelten folgende Zollfreimengen (Ein- und Ausfuhr): für den eigenen Konsum 800 Zigaretten, 400 Zigarillos, 200 Zigarren, 1 kg Tabak, 20 l Aperitif, 90 l Wein (mit einem Anteil von maximal 60 l Schaumwein) und 110 l Bier.

Schweizer Bürger dürfen u.a. maximal 200 Zigaretten und 1 l Spirituosen mit nach Hause nehmen.

> PARLES CATALÀ?

„Sprichst du Katalanisch?" Dieser Sprachführer hilft Ihnen,
die wichtigsten Wörter und Sätze auf Katalanisch zu sagen

Aussprache

c	wie „s" vor „e", „i" (z. B. Barcelona); wie „k" vor „a", „o" und „u" (z. B. Casa)
ç	wird als „s" gesprochen (z. B. França)
g	wie in „Genie" vor „e", „i"; wie „g" vor „a", „o" und „u"
ll	wird wie „lj" gesprochen
l·l	wird als „l" gesprochen
ny	wie das „gn" in „Champagner" (z. B. Catalunya)
que/qui	das „u" ist immer stumm, wie deutsches „k" (z. B. perquè)
v	am Wortanfang und nach Konsonant wie „b" (z. B. València)
x	wird gesprochen wie das deutsche „sch" (z. B. Xina)

■ AUF EINEN BLICK

Ja./Nein./Vielleicht.	Sí./No./Potser.
Bitte./Danke.	Sisplau./Gràcies.
Entschuldigen Sie!/Entschuldige!	Perdoni./Perdona.
Wie bitte?	*(Sie)* Com diu?/*(du)* Com dius?
Ich verstehe Sie/dich nicht.	No l'entenc./No t'entenc.
Ich spreche nur wenig (Katalanisch).	Parlo només una mica (de català).
Sprechen Sie Deutsch?	Parla alemany?
Sprechen Sie Englisch?	Parla anglès?
Können Sie mir bitte helfen?	Pot ajudar-me, sisplau?
Ich möchte …	Voldria …
Haben Sie …?	Té …?
Wie viel kostet es?	Quant val?
Wie viel Uhr ist es?	Quina hora és?

■ KENNEN LERNEN

Guten Morgen!	Bon dia!
Guten Tag!	Bon dia! (Bona tarda.)
Guten Abend!	Bona nit!
Hallo!/Grüß dich!	Hola, què hi ha?
Wie geht es Ihnen/dir?	Com va?
Danke. Und Ihnen/dir?	Gràcies, i vostè?/i tu?
Auf Wiedersehen!	Adéu. Passi-ho bé.
Tschüss!	Adéu!
Bis bald!	Fins després!

SPRACHFÜHRER KATALANISCH

UNTERWEGS

AUSKUNFT

links/rechts	a l'esquerra/a la dreta
geradeaus	tot recte
nah/weit	a prop/lluny
Bitte, wo ist …?	Sisplau, on és…?
Wie weit ist das?	És molt lluny això?
Gibt es öffentliche Verkehrsmittel dorthin?	S'hi pot anar amb mitjans de transport públic?
Wie komme ich dorthin?	Com s'hi va?
Zum Hotel, bitte.	A l'hotel, sisplau.
Zum Bahnhof.	A l'estació.
Zum Flughafen.	A l'aeroport.
Ich möchte … mieten.	Voldria llogar …
… ein Auto …	… un cotxe.
… ein Fahrrad …	… una bicicleta.
… ein Motorrad …	… una moto.

PANNE

Ich habe eine Panne.	Tinc una avaria.
Würden Sie mir bitte einen Abschleppwagen schicken?	Poden enviar-me sisplau una grua?
Gibt es hier in der Nähe eine Werkstatt?	Hi ha per aquí a prop un taller?

TANKSTELLE

Wo ist bitte die nächste Tankstelle?	On és la gasolinera més propera, sisplau?
Ich möchte … Liter …	Voldria … litres de …
… Normalbenzin.	… Gasolina normal.
… Super.	… Súper.
… Diesel.	… Diesel.
… bleifrei/mit Blei.	… sense plom/… amb plom.
Volltanken, bitte.	Ple, sisplau.

UNFALL

Hilfe!	Ajuda!
Achtung!	Compte!
Rufen Sie bitte schnell …	Truqui sisplau de pressa …
… einen Krankenwagen.	… a una ambulància.

... die Polizei. ... a la policia.
... die Feuerwehr. ... als bombers.
Haben Sie Verbandzeug? Té benes?
Es war meine Schuld. Ha estat culpa meva.
Es war Ihre Schuld. Ha estat culpa seva.
Geben Sie mir bitte Ihren Pot donar-me el seu nom i la seva
Namen und Ihre Anschrift! adreça, sisplau!

ESSEN/UNTERHALTUNG

Wo gibt es hier ... On hi ha per aquí a prop ...
   ... ein gutes Restaurant? ... un bon restaurant?
   ... ein nicht zu teures Restaurant? ... un restaurant no massa car?
   ... ein typisches Restaurant? ... un restaurant típic?
Gibt es hier eine gemütliche Hi ha per aquí a prop algun bar
Kneipe? bonic?
Reservieren Sie uns bitte Reservi sisplau per avui al vespre
für heute Abend einen una taula per a quatre persones.
Tisch für vier Personen.
Könnte ich bitte ... haben? Podria portar-me ...
   ... ein Messer ... ... un ganivet?
   ... eine Gabel ... ... una forquilla?
   ... einen Löffel ... ... una cullera?
Auf Ihr Wohl! Salut.
Bezahlen, bitte. El compte, sisplau.
Bitte alles zusammen. Cobri-ho tot junt, sisplau.
Getrennte Rechnungen, bitte. Per separat, sisplau.
Hat es geschmeckt? Els ha agradat?
Das Essen war ausgezeichnet. El menjar era excel·lent.

EINKAUFEN

Wo finde ich ... On hi ha ...
   ... eine Apotheke? ... una farmàcia?
   ... eine Bäckerei? ... un forn?
   ... ein Fotogeschäft? ... una botiga de fotos?
   ... ein Einkaufszentrum? ... un supermercat?
   ... ein Lebensmittelgeschäft? ... una botiga de queviures?
   ... einen Markt? ... un mercat?

ÜBERNACHTUNG

Können Sie mir bitte ... Em pot recomanar ..., sisplau?
empfehlen?
   ... ein gutes Hotel ... ... un bon hotel ...
   ... eine Pension ... ... una pensió ...
Haben Sie noch ... Tenen encara ...

… ein Einzelzimmer?
… ein Zweibettzimmer?
… mit Bad?
… für eine Nacht?
… für eine Woche?

… una habitació senzilla?
… una habitació doble?
… amb bany?
… per una nit?
… per una setmana?

■ PRAKTISCHE INFORMATIONEN

ARZT

Können Sie mir einen
guten Arzt empfehlen?

Em pot recomanar un bon metge?

Ich habe hier Schmerzen.
Ich habe …
  … Durchfall.
  … Fieber.
  … Husten.

Em fa mal aquí.
Tinc …
  … diarrea.
  … febre.
  … tos.

POST

Was kostet …
  … ein Brief …
  … eine Postkarte …
  … nach Deutschland?
Eine Briefmarke, bitte.

Quant val …
  … una carta …
  … una postal …
  … a Alemanya?
Un segell, sisplau.

■ ZAHLEN

0	zero	20	vint
1	un/una	21	vint-i-u/vint-i-una
2	dos/dues	22	vint-i-dos/vint-i-dues
3	tres	30	trenta
4	quatre	40	quaranta
5	cinc	50	cinquanta
6	sis	60	seixanta
7	set	70	setanta
8	vuit	80	vuitanta
9	nou	90	noranta
10	deu	100	cent
11	onze	200	dos-cents/dues-centes
12	dotze	1000	mil
13	tretze	2000	dos mil/dues mil
14	catorze	10000	deu mil
15	quinze	1000000	un milió
16	setze		
17	disset	1/2	mig
18	divuit	1/3	un terç
19	dinou	1/4	un quart

> ## UNTERWEGS AUF MENORCA

Die Seiteneinteilung für den Reiseatlas finden Sie auf dem
hinteren Umschlag dieses Reiseführers

REISE ATLAS

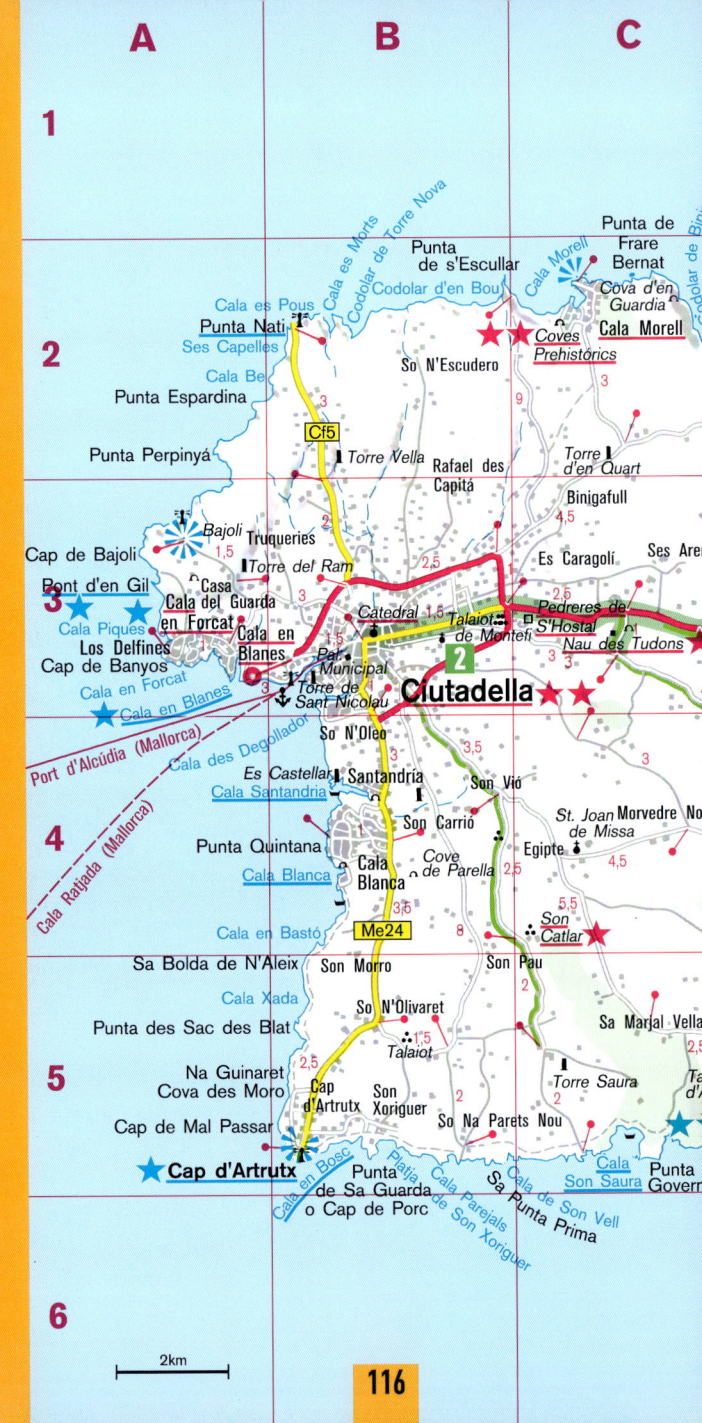

A B C

1

Punta de
Frare
Bernat
Punta Cova d'en
de s'Escullar Guardia
Codolar d'en Bou Cala Morell
Cala es Pous Coves
Punta Nati Prehistórics
2 Ses Capelles So N'Escudero
Cala Be
Punta Espardina 9
Cf5
Punta Perpinyá Torre Vella Torre
Rafael des d'en Quart
Capitá Binigafull
4,5
Bajoli Truqueries Es Caragolí Ses Arer
Cap de Bajolí 1,5
Pont d'en Gil Casa Torre del Ram 2,5 1 Pedreres de
Cala del Guarda Catedral 1,5 S'Hostal Nau des Tudons
3 Cala Piques en Forcat 1,5 Talaiot 3 3
Los Delfines Cala en de Montefí
Cap de Banyos Blanes Pav.
Cala en Forcat Municipal 2 Ciutadella
Torre de
Sant Nicolau
Port d'Alcúdia (Mallorca) So N'Oleo
Cala des Degollador 3,5
Es Castellar Santandría Son Vió
Cala Santandría Son Carrió St. Joan Morvedre No
4 de Missa
Cala Ratjadá (Mallorca) Punta Quintana Cala Cove Egipte 4,5
Cala Blanca Blanca de Parella 2,5
3,5 5,5
Cala en Bastó Me24 Son
8 Catlar
Sa Bolda de N'Aleix Son Morro Son Pau
Cala Xada 2 Sa Marjal Vella
Punta des Sac des Blat So N'Olivaret
1,5 2,5
Na Guinaret Talaiot Torre Saura
5 Cova des Moro 2,5 Cap 2 Ta
d'Artrutx Son d'A
Cap de Mal Passar Xoriguer So Na Parets Nou
Cala Son Vell Cala Punta
Cap d'Artrutx Punta Son Saura Govern
de Sa Guarda
o Cap de Porc Sa Punta Prima

6

2km

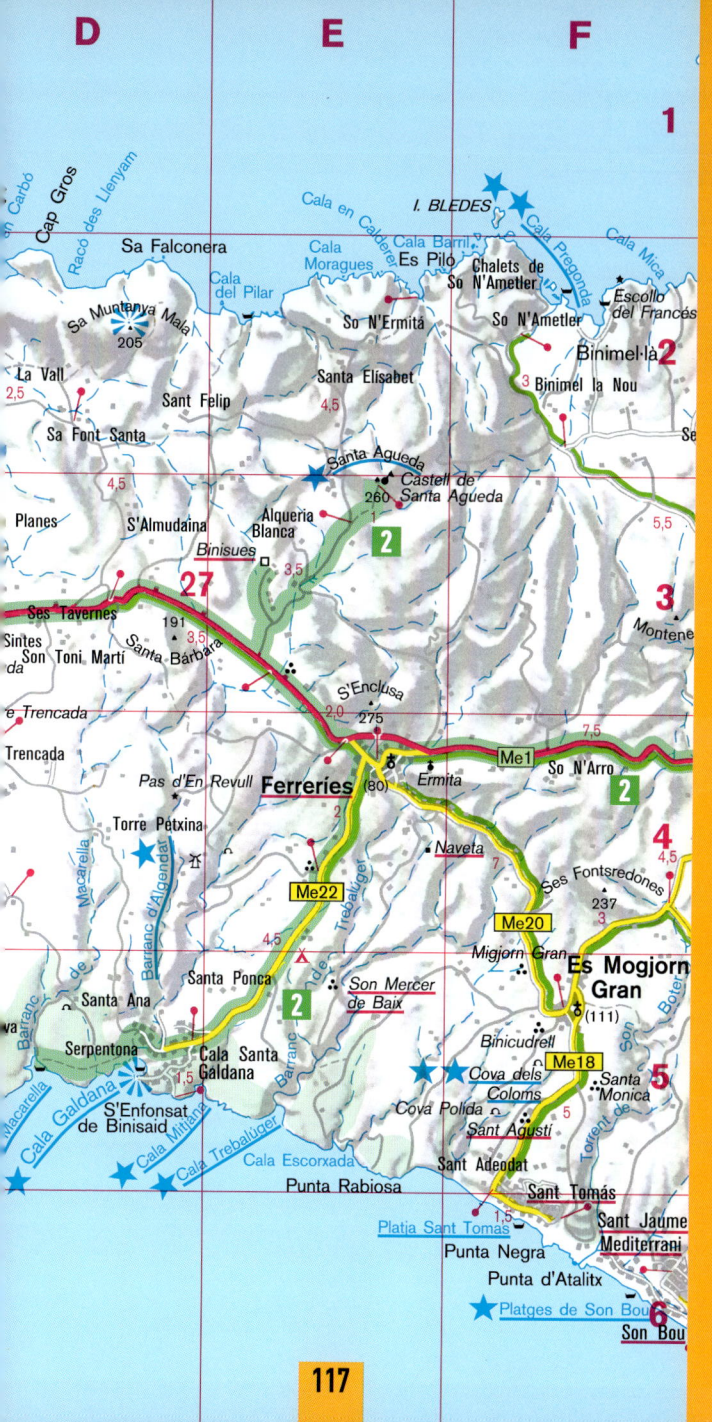

1

Cap Gros

Racó des Llenyam

Sa Falconera

Cala en Calderer

I. BLEDES

Cala Pregonda

Cala Mica

Cala Barril

Es Pilo

Cala Moragues

Chalets de So N'Ametler

Cala del Pilar

So N'Ermità

So N'Ametler

Escollo del Francés

Sa Muntanya Mala
205

Santa Elisabet

Binimel·là

2

La Vall
2,5

Sant Felip

4,5

Binimel la Nou

Se

Sa Font Santa

Planes

4,5

S'Almudaina

Binisues

Santa Agueda

Castell de Santa Agueda
260

Alqueria Blanca

2

5,5

Ses Tavernes

27

191

3,5

Santa Bárbara

3

Montene

Sintes

Son Toni Martí

da

e Trencada

S'Enclusa
2,0

275

7,5

Me1

So N'Arro

2

Trencada

Pas d'En Revull

Ferreríes

(80)

Ermita

Torre Petxina

Naveta

4

4,5

Me22

7

Ses Fontsredones

237

3

Me20

Midjorn Gran

Santa Ponca

Santa Ana

2

Son Mercer de Baix

Es Mogjorn Gran
(111)

Serpentona

Cala Santa Galdana

1,5

Binicudrell

Me18

5

Cova dels Coloms

Santa Monica

S'Enfonsat de Binisaid

Cova Polida

5

Sant Agustí

Cala Escorxada

Sant Adeodat

Punta Rabiosa

Sant Tomás

1,5

Platja Sant Tomás

Sant Jaume Mediterrani

Punta Negra

Punta d'Atalitx

Platges de Son Bou

6

Son Bou

2km

1

MAR

MEDITERRÀNIA

2

é

sa
dolar
orts
n Ferradura

PETITA D'ADDAIA
GRAN D'ADDAIA
ret ★
Macar Real
en Brut
a
Sibinar de Montgofre

3

Cala Cáldes
Punta Timons
Es Portitxol
Cap de Favàritx ★ ★
Cala Presili

Parc

1

Capifort
81
Capifort
Cala Morella Nou
Cap de Monsenyor Vives

7,5
Morella Vell
Natural
Torre Blanca
Llosar de Rambla
Cala de Sa Torreta
Sa Torreta
I. D'EN COLOM
Cap de Llevant

4

Cf1
ermella
de S'Albufera
S'Albufera
Platja d'es Grau

Mare de
Déu de Fàtima
Es Grau
ILLOTS DE SA CUDIA

es Grau
Santa Madrona
Punta de sa Galera

3
Torreta
Caló de ses Mándries
4,5
Shangri-La
Sa Cudia

5

ane
Cardona
1

Caleta de Binillautí

94
Es Pa Gros
Me5
Milà
Sa Mesquida
Sa Mesquida

5

2,5
Es Murtar
Sa Granya
4
Golden Farm
Me3
Sant Antoni
Cap Negre

6

Sant Joan dels
Vergers
1
Museu
Santa
2,5
Cala
Me14
Mao
Teatre
Maria
119
REI
Llonga
121
Principal
Port de Mao
El Fon
I. DEL

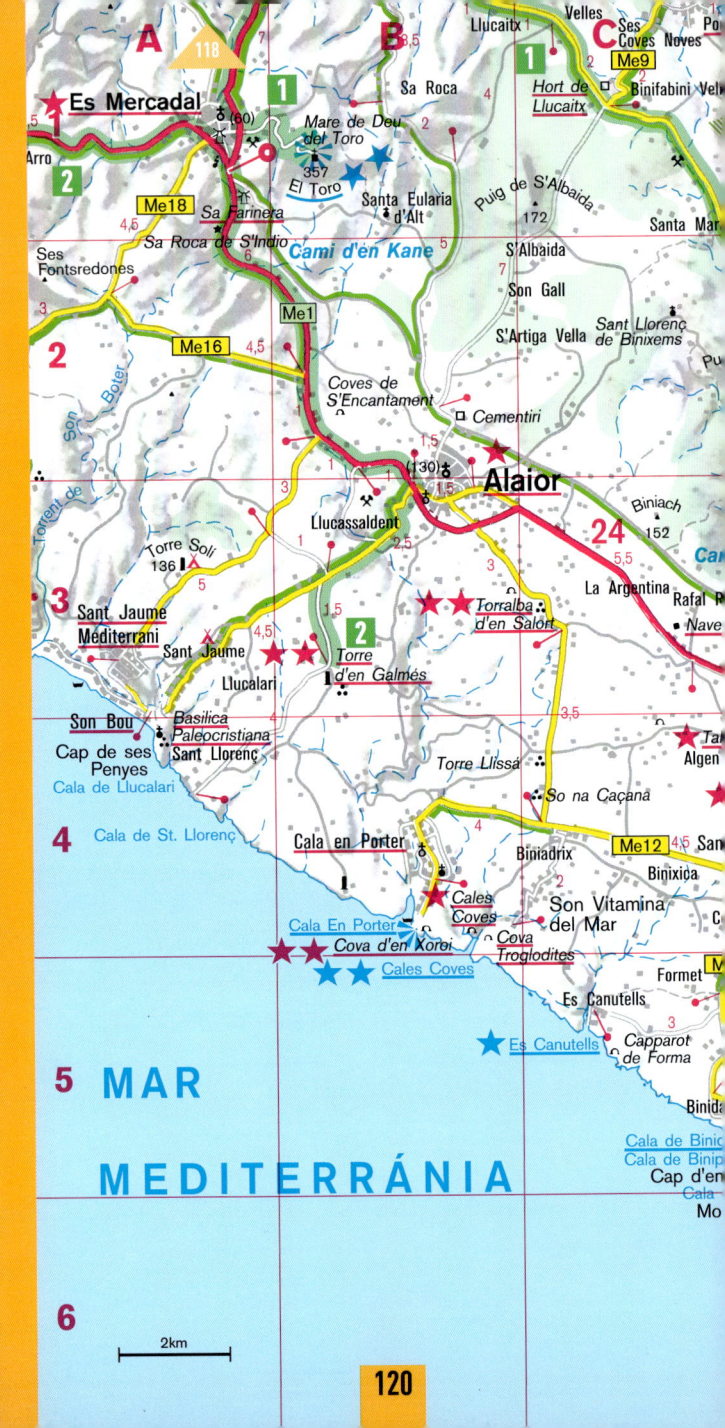

ia

D Càldes
Punta Timons
Es Portitxol
Cap de Favàritx
Cala Presili

Barcelona

1

Parc
Capifort
81
Capifort
7,5
Morella Vell

Cala Morella Nou
Cap de Monsenyor Vives

Natural
Torre Blanca
Sa Torreta
Llosar de Rambla
Cala de Sa Torreta

2

Cf1
de S'Albufera
Vermella
S'Albufera
I. D'EN COLOM
Cap de Llevant

Platja d'es Grau

Mare de
Déu de Fatima
Santa Madrona
Es Grau
ILLOTS DE SA CUDIA

3
Ides Grau
Torreta
Punta de sa Galera
4,5
Sa Cudia
Caló de ses Mándries

Kane
Shangri-La

Caleta de Binillautí

94
Me5
Milà
Sa Mesquida
Es Pa Gros
Sa Mesquida

5

3
2,5

Sa Granya
4
Golden Farm
Es Murtar

Sant Joan dels
Vergers
Me3
Sant Antoni
Cap Negre

4
Museu
Port de Maó
2,5

Me14
Teatre
Principal
Santa
Maria
I. DEL REI
Cala
Llonga

ás
El Fonduco
I. DEL
LLATZERET
La Mola

Maó
Fortalesa
de Isabel II
Punta de
S'Esperó

Me8
Es Castell
Santa
Ana

Talaiot
de Trepucó
Sinia
Riera
Castell de Sant Felip
Punta de Sant Carles

Llucmaçanes
Aero-Club
Binirocca
Sant
Llorenç
Cala Sant Esteve
Fort Marlborough

oport de
enorca
Me6
Binissaida
Torre d'en Penjat

atxani Vell
Sant
Lluís
Trebalúger
5

Binisafuet
(59)
Son Vidal
Na Girada

Me10
Torre Vella
Es Rafalets
S'Olivera
Cova de
s'Olí
Cala Rafalet

Torret
Me8
3,5
S' Algar
Punta des Rafalet

ont
Binibèquer Vell
Cala
d'Alcaufar
Cala d'Alcaufar
Ricó des Llexiu

inisafuller
Binibeca
Nou
Binibèquer

Caló Tancat
Torret
Biniancolla
Punta Prima

orro d'en Bruixa
Cala
Binibèquer
Cala
Biniancolla
Torre de
Son Ganxo
Platja de Punta Prima

Cap del Bisbe
Punta Prima
I. DE L'AIRE

KARTENLEGENDE

Autobahn · Gebührenpflichtige Anschlussstelle · Gebührenstelle · Anschlussstelle mit Nummer · Rasthaus mit Übernachtung · Raststätte · Kleinraststätte · Tankstelle · Parkplatz mit und ohne WC	Trento · 11	Motorway · Toll junction · Toll station · Junction with number · Motel · Restaurant · Snackbar · Filling-station · Parking place with and without WC
Autobahn in Bau und geplant mit Datum der Verkehrsübergabe	Datum · Date	Motorway under construction and projected with completion date
Zweibahnige Straße (4-spurig)		Dual carriageway (4 lanes)
Fernverkehrsstraße · Straßennummern	14 · E45	Trunk road Road numbers
Wichtige Hauptstraße		Important main road
Hauptstraße · Tunnel · Brücke		Main road · Tunnel · Bridge
Nebenstraßen		Minor roads
Fahrweg · Fußweg		Track · Footpath
Wanderweg (Auswahl)		Tourist footpath (selection)
Eisenbahn mit Fernverkehr		Main line railway
Zahnradbahn, Standseilbahn		Rack-railway, funicular
Kabinenschwebebahn · Sessellift		Aerial cableway · Chair-lift
Autofähre		Car ferry
Personenfähre		Passenger ferry
Schifffahrtslinie		Shipping route
Naturschutzgebiet · Sperrgebiet		Nature reserve · Prohibited area
Nationalpark, Naturpark · Wald		National park, natural park · Forest
Straße für Kfz. gesperrt	X X X	Road closed to motor vehicles
Straße mit Gebühr		Toll road
Straße mit Wintersperre	XII-II	Road closed in winter
Straße für Wohnanhänger gesperrt bzw. nicht empfehlenswert		Road closed or not recommended for caravans
Touristenstraße · Pass	Weinstraße · 1510	Tourist route · Pass
Schöner Ausblick · Rundblick · Landschaftlich bes. schöne Strecke		Scenic view · Panoramic view · Route with beautiful scenery
Heilbad · Schwimmbad		Spa · Swimming pool
Jugendherberge · Campingplatz		Youth hostel · Camping site
Golfplatz · Sprungschanze		Golf-course · Ski jump
Kirche im Ort, freistehend · Kapelle		Church · Chapel
Kloster · Klosterruine		Monastery · Monastery ruin
Schloss, Burg · Schloss-, Burgruine		Palace, castle · ruin
Turm · Funk-, Fernsehturm		Tower · Radio-, TV-tower
Leuchtturm · Kraftwerk		Lighthouse · Power station
Wasserfall · Schleuse		Waterfall · Lock
Bauwerk · Marktplatz, Areal		Important building · Market place, area
Ausgrabungs- u. Ruinenstätte · Bergwerk		Arch. excavation, ruins · Mine
Dolmen · Menhir · Nuraghen		Dolmen · Menhir · Nuraghe
Hünen-, Hügelgrab · Soldatenfriedhof		Cairn · Military cemetery
Hotel, Gasthaus, Berghütte · Höhle		Hotel, inn, refuge · Cave

Kultur

Malerisches Ortsbild · Ortshöhe	WIEN (171)	**Culture** Picturesque town · Elevation
Eine Reise wert	★★ MILANO	Worth a journey
Lohnt einen Umweg	★ TEMPLIN	Worth a detour
Sehenswert	Andermatt	Worth seeing

Landschaft

Eine Reise wert	★★ Las Cañadas	**Landscape** Worth a journey
Lohnt einen Umweg	★ Texel	Worth a detour
Sehenswert	Dikti	Worth seeing
Ausflüge & Touren		**Excursions & tours**

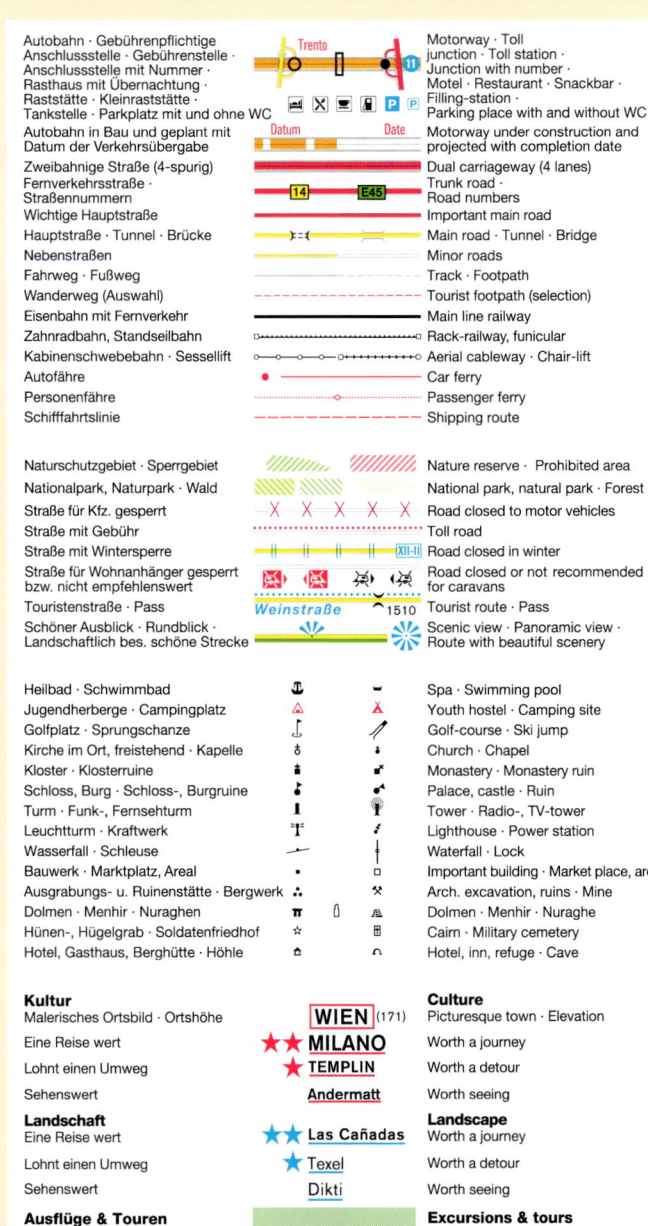

FÜR IHRE NÄCHSTE REISE

gibt es folgende MARCO POLO Titel:

DEUTSCHLAND
Allgäu
Amrum/Föhr
Bayerischer Wald
Berlin
Bodensee
Chiemgau/Berchtes-
  gadener Land
Dresden/Sächsische
  Schweiz
Düsseldorf
Eifel
Erzgebirge/Vogtland
Franken
Frankfurt
Hamburg
Harz
Heidelberg
Köln
Lausitz/Spreewald/
  Zittauer Gebirge
Leipzig
Lüneburger Heide/
  Wendland
Mark Brandenburg
Mecklenburgische
  Seenplatte
Mosel
München
Nordseeküste
  Schleswig-Holstein
Oberbayern
Ostfriesische Inseln
Ostfriesland/
  Nordseeküste
  Niedersachsen/
  Helgoland
Ostseeküste
  Mecklenburg-
  Vorpommern
Ostseeküste
  Schleswig-Holstein
Pfalz
Potsdam
Rheingau/Wiesbaden
Rügen/Hiddensee/
  Stralsund
Ruhrgebiet
Sauerland
Schwäbische Alb
Schwarzwald
Stuttgart
Sylt
Thüringen
Usedom
Weimar

ÖSTERREICH | SCHWEIZ
Berner Oberland/Bern
Kärnten
Österreich
Salzburger Land
Schweiz
Steiermark
Tessin

Tirol
Wien
Zürich

FRANKREICH
Bretagne
Burgund
Côte d'Azur/Monaco
Elsass
Frankreich
Französische
  Atlantikküste
Korsika
Languedoc-Roussillon
Loire-Tal
Nizza/Antibes/Cannes/
  Monaco
Normandie
Paris
Provence

ITALIEN | MALTA
Apulien
Capri
Dolomiten
Elba/Toskanischer
  Archipel
Emilia-Romagna
Florenz
Gardasee
Golf von Neapel
Ischia
Italien
Italienische Adria
Italien Nord
Italien Süd
Kalabrien
Ligurien/Cinque Terre
Mailand/Lombardei
Malta/Gozo
Oberital. Seen
Piemont/Turin
Rom
Sardinien
Sizilien/Liparische Inseln
Südtirol
Toskana
Umbrien
Venedig
Venetien/Friaul

SPANIEN | PORTUGAL
Algarve
Andalusien
Barcelona
Baskenland/Bilbao
Costa Blanca
Costa Brava
Costa del Sol/Granada
Fuerteventura
Gran Canaria
Ibiza/Formentera
Jakobsweg/Spanien
La Gomera/El Hierro
Lanzarote

La Palma
Lissabon
Madeira
Madrid
Mallorca
Menorca
Portugal
Sevilla
Spanien
Teneriffa

NORDEUROPA
Bornholm
Dänemark
Finnland
Island
Kopenhagen
Norwegen
Oslo
Schweden
Stockholm
Südschweden

WESTEUROPA | BENELUX
Amsterdam
Brüssel
Dublin
Edinburgh
England
Flandern
Irland
Kanalinseln
London
Luxemburg
Niederlande
Niederländische Küste
Schottland
Südengland

OSTEUROPA
Baltikum
Budapest
Danzig
Estland
Kaliningrader Gebiet
Krakau
Lettland
Litauen/Kurische
  Nehrung
Masurische Seen
Moskau
Plattensee
Polen
Polnische Ostsee-
  küste/Danzig
Prag
Riesengebirge
Russland
Slowakei
St. Petersburg
Tallinn
Tschechien
Ukraine
Ungarn
Warschau

SÜDOSTEUROPA
Bulgarien
Bulgarische
  Schwarzmeerküste
Kroatische Küste/
  Dalmatien
Kroatische Küste/
  Istrien/Kvarner
Montenegro
Rumänien
Slowenien

GRIECHENLAND | TÜRKEI | ZYPERN
Athen
Chalkidiki
Griechenland
  Festland
Griechische
  Inseln/Ägäis
Istanbul
Korfu
Kos
Kreta
Peloponnes
Rhodos
Samos
Santorin
Türkei
Türkische Südküste
Türkische Westküste
Zakinthos
Zypern

NORDAMERIKA
Alaska
Chicago und
  die Großen Seen
Florida
Hawaii
Kalifornien
Kanada
Kanada Ost
Kanada West
Las Vegas
Los Angeles
New York
San Francisco
USA
USA Neuengland/
  Long Island
USA Ost
USA Südstaaten/
  New Orleans
USA Südwest
USA West
Washington D.C.

MITTEL- UND SÜDAMERIKA
Argentinien
Brasilien
Chile
Costa Rica
Dominikanische
  Republik

Jamaika
Karibik/Große Antillen
Karibik/Kleine Antillen
Kuba
Mexiko
Peru/Bolivien
Venezuela
Yucatán

AFRIKA | VORDERER ORIENT
Ägypten
Djerba/Südtunesien
Dubai
Israel
Jordanien
Kapstadt/Wine Lands/
  Garden Route
Kapverdische Inseln
Kenia
Marokko
Namibia
Qatar/Bahrain/Kuwait
Rotes Meer/Sinai
Südafrika
Tansania/
  Sansibar
Tunesien
Vereinigte
  Arabische Emirate

ASIEN
Bali/Lombok
Bangkok
China
Hongkong/Macau
Indien
Indien/Der Süden
Japan
Kambodscha
Ko Samui/Ko Phangan
Krabi/Ko Phi Phi/
  Ko Lanta
Malaysia
Nepal
Peking
Philippinen
Phuket
Rajasthan
Shanghai
Singapur
Sri Lanka
Thailand
Tokio
Vietnam

INDISCHER OZEAN | PAZIFIK
Australien
Malediven
Mauritius
Neuseeland
Seychellen
Südsee

REGISTER

IMPRESSUM

SCHREIBEN SIE UNS

Liebe Leserin, lieber Leser,

wir setzen alles daran, Ihnen möglichst aktuelle Informationen mit auf die Reise zu geben. Dennoch schleichen sich manchmal Fehler ein – trotz gründlicher Recherche unserer Autoren/innen. Sie haben sicherlich Verständnis, dass der Verlag dafür keine Haftung übernehmen kann.

Wir freuen uns aber, wenn Sie uns schreiben.

Senden Sie Ihre Post an die MARCO POLO Redaktion, MAIRDUMONT, Postfach 3151, 73751 Ostfildern, info@marcopolo.de

IMPRESSUM

Titelbild: Cala Macarella (Laif: Knechte)

Fotos: J. Dörpinghaus (126); Ecològica de Menorca: Xavier Diari Menorca (13 o.); Foment del Turisme de Menorca-Ibatur: Lluis Real (94 o.l.); © fotolia.com: Alex Bramwell (94 M.r.), Alexey Klementiev (95 o.l.); Foto-Presse Timmermann (21); HB Verlag: Schröder (Klappe links, 2 r., 3 r., 39), Widmann (27, 28/29); Hotel Biniarroca (12 u.); Huber: Fantuz (8/9), Liese (99), Schmid (3 l., 6/7, 60/61, 72/73, 78/79); F. Ihlow (Klappe Mitte, 2 l., 5, 19, 54, 59, 82/83, 88/89, 98, 114/115); © iStockphoto.com: Mike Bentley (95 u.r.), Eric Foltz (13 u.), naphtalina (15 o.r.), Paul Topp (14 u.); Tobias Käsmaier (12 o.); Laif: Eid (28, 100/101), Huber (3 M., 4 l., 4 r., 11, 22, 22/23, 34, 44, 47, 52, 67, 87, 90, 103), Knechte (1); La Quinta Resort, Hotel & Spa (95 M.r.); K. Maeritz (30/31, 36, 40/41, 50/51, 63, 74, 76, 81, 93); Mauritius: Waldkirch (56); Menorcaacavall: Sarah Barford (94 M.l.); Menorca-Info GmbH: Frank Bender (94 u.r., 95 M.l.); Santi Capó: Cisco Moll (15 M.r.); Sa Pedrera d'es Pujol: La Fabrica de fotos, Oskar (14 o.); K. Thiele (23); VINYA SA CUDIA (15 u.l.); White Star: Gumm (24/25, 26, 29, 43, 65, 68, 71, 85, 96/97), Pasdzior (16/17, 32); T. Widmann (Klappe rechts, 49, 62)

10., aktualisierte Auflage 2011

© MAIRDUMONT GmbH & Co. KG, Ostfildern

Chefredaktion: Michaela Lienemann (Konzept, Chefin vom Dienst), Marion Zorn (Konzept, Textchefin)
Autor: Jörg Dörpinghaus; Redaktion: Jochen Schürmann
Programmbetreuung: Silwen Randebrock; Bildredaktion: Gabriele Forst, Roger M. Gill
Szene/24h: wunder media, München; Kartografie Reiseatlas: © MAIRDUMONT, Ostfildern
Innengestaltung: Zum goldenen Hirschen, Hamburg; Titel/S. 1–3: Factor Product, München
Sprachführer: in Zusammenarbeit mit Ernst Klett Sprachen GmbH, Stuttgart, Redaktion PONS Wörterbücher

> UNSER AUTOR

MARCO POLO Insider Jörg Dörpinghaus im Interview

Jörg Dörpinghaus lebt und arbeitet seit 1986 auf Menorcas Nachbarinsel Mallorca

Wieso leben Sie in Spanien?

Purer Zufall: Gleich bei meinem ersten Besuch auf den Balearen bekam ich das Jobangebot für die Redaktion einer deutschen Tageszeitungsbeilage, später lernte ich auf dem Franziskusfest in Palma de Mallorca meine heutige Frau kennen. Alles Weitere ergab sich daraus.

Was reizt Sie an den Balearen?

In erster Linie meine Familie und die Leute, oder besser, die Lebenseinstellung der Menschen hier: positiv, gesund, sehr tolerant und mit einer gewissen mediterranen Nonchalance, die das Leben genau mit dem Quäntchen „Unernsthaftigkeit" würzt, das es lebenswert macht.

Wo und wie leben Sie genau?

Mit Ehefrau Encarnación, unseren beiden Töchtern María del Mar und Julia und einem zugelaufenen Terrier (Tom) wohne ich in einem rund 100 Jahre alten Natursteinhaus bei Llucmajor auf Mallorca. Dort habe ich auch ein kleines Büro eingerichtet.

Was machen Sie beruflich?

Auf eine Ausbildung zum Werbefachmann folgten mehrere Jahre redaktioneller Arbeit – in Wort und Bild – für verschiedene Publikationen. Heute bin ich als Autor für deutsche Verlage und im Bereich Webdesign tätig, außerdem erstelle ich die Informationsbroschüren eines großen Reiseveranstalters.

Kommen Sie viel auf den Inseln herum?

Unter anderem betreue ich einen gastronomischen Führer und bearbeite die Ausflugsangebote eines Reiseveranstalters. Es gibt wohl nur wenige Stellen auf den Inseln Mallorca und Menorca, die ich noch nicht gesehen habe.

Womit verbringen Sie Ihre Freizeit?

Zwei Hobbys lassen mich wirklich aufblühen: mit Harley und Sozia über die Inseln cruisen und tauchen gehen. Die Unterwasserwelt der Inseln ist relativ leicht zugänglich und ungeheuer vielfältig. Wenn dann noch Zeit übrig bleibt – was leider selten vorkommt –, übe ich auch Bogenschießen und mit Freunden Tai Chi

Mögen Sie die Küche der Balearen?

Die traditionelle Inselküche ist sehr mächtig und kalorienreich, da setze ich schnell *michelines*, Rettungsringe, an. Ich ziehe deshalb die neue, so genannte Autorenküche vor, die ist leichter und kreativer. Mein Favorit ist Rinderwange mit Jahreszeitengemüse und getrüffelten Kartoffelchips …

10 € GUTSCHEIN
für Ihr persönliches Fotobuch*!

Gilt aus rechtlichen Gründen nur bei Kauf des Reiseführers in Deutschland und der Schweiz

SO GEHT'S: Einfach auf www.marcopolo.de/fotoservice/gutschein gehen, Wunsch-Fotobuch mit den eigenen Bildern gestalten, Bestellung abschicken und dabei Ihren Gutschein mit persönlichem Code einlösen.

Ihr persönlicher Gutschein-Code: `mpmxrdnx3y`

Erlebe Deine Bilder!

Zum Beispiel das MARCO POLO FUN A5 Fotobuch für 7,49 €.

www.marcopolo.de/fotoservice/gutschein

> BLOSS NICHT!

Zwar gibt es kaum Kriminalität, doch drohen andere Widrigkeiten

Beim Baden leichtsinnig sein

Besonders Menorcas Süden ist bekannt für starke Meeresströmungen, die gerade an den größeren, offenen Stränden tückisch sein können. Deshalb stets Warnbojen beachten und nicht zu weit hinausschwimmen. Der Inselnorden kann beim Wehen der *tramuntana* gefährlich werden. Beachten Sie die rote Warnflagge an Stränden! In den letzten Jahren ist es im Sommer immer wieder zu einem massiven Auftreten von Quallen gekommen, die schmerzhafte Nesselverbrennungen hervorrufen können. Auch hier sollte man an bewachten Stränden auf Warnzeichen achten.

Bei fliegenden Händlern kaufen

Plötzlich tauchen sie am Strand auf: fliegende Händler mit einem mehr oder weniger reichen Angebot an Früchten oder kühlen Getränken. Fast nie erfüllen sie die amtlichen oder hygienischen Voraussetzungen. Besser nichts kaufen!

Über Mauern klettern

Nicht jeder Menorquiner sieht gern Fremde über sein Grundstück laufen. Gelegentlich wurde sogar schon die Schrotflinte gezogen, öfter werden die Hunde losgelassen. Deshalb auf Wanderungen (und bei der Suche nach einem „wilden" Campingplatz) unbedingt vorher mit dem Besitzer sprechen. Auf festen Wanderrouten immer darauf achten, nach Durchgang über Privatgrund alle Tore wieder zu schließen.

Waldbrandgefahr unterschätzen

Immer wieder kommt es zu Waldbränden, die nicht selten durch menschliches Fehlverhalten verursacht werden. Von Mai bis Oktober sind die Wälder besonders gefährdet, weil dann die Böden ausgetrocknet sind. Deshalb: keine offenen Feuer entzünden, keine Zigarettenkippen wegschmeißen, keine Abfallreste (gefährlich sind Glasreste und -flaschen) am Picknickort zurücklassen! Im Notfall sofort die 112 anrufen.

Auf Nelkenfrauen reinfallen

Besonders im Sommer kann man in den Tourismusorten auf Trickbetrüger stoßen. Neben den altbekannten Hütchenspielern treten auch „Nelkenfrauen" in Aktion. Sie versuchen Urlaubern eine Blume anzustecken. Letztere – von soviel Herzlichkeit entwaffnet – zücken nicht selten die Geldbörse. Dieser Augenblick wird von den Nelkenfrauen genutzt, um sich im Getümmel oder im Eifer der Kommunikation selbst zu bedienen. Besser den „freundlichen" Damen von vornherein aus dem Wege gehen oder bei zudringlichem Verhalten laut nach der Polizei *(policia!)* rufen.

Wasser verschwenden

Der Grundwasserspiegel Menorcas ist in den letzten Jahren Besorgnis erregend gesunken, viele Brunnen sind schon versalzen. Auch als Tourist können Sie durch den sparsamen Umgang mit Leitungswasser helfen, Wasser zu sparen.